colección acción empresarial

LOS MITOS
DE SILVIA

**Jorge Cagigas e
Ignacio Mazo (coordinadores)**

LOS MITOS
DE SILVIA

MADRID   BARCELONA
MÉXICO D.F.   MONTERREY
BOGOTÁ   BUENOS AIRES
LONDRES   NUEVA YORK

Colección Acción Empresarial de LID Editorial Empresarial, S.L.
Sopelana 22, 28023 Madrid, España - Tel. 913729003 - Fax 913728514
info@lideditorial.com - LIDEDITORIAL.COM

A member of: **BPR**
Business Publishers Roundtable.com

EAN-ISBN13: 9788483567371
Directora editorial: Jeanne Bracken
Editora de la colección: Nuria Coronado
Edición: Maite Rodríguez Jáñez
Maquetación: produccioneditorial.com
Corrección: Noelia Jiménez
Fotografía de portada: © iStockphoto.com/Ridofranz
Diseño de portada: El Laboratorio
Impresión: Cofás, S.A.
Depósito legal: M-34.376-2012
Impreso en España / *Printed in Spain*

Primera edición: noviembre de 2012

Te escuchamos. Escríbenos con tus sugerencias, dudas, errores que veas o lo que tú quieras. Te contestaremos, seguro: queremosleerteati@lideditorial.com

Índice

Introducción

Es probable que alguno de vosotros como lectores recordéis a Silvia, una joven directiva especializada en Recursos Humanos que debía enfrentarse a diez situaciones críticas para la gestión de personas al asumir por primera vez una responsabilidad de mando.

Ha pasado el tiempo, y Silvia se ha convertido en una directiva experimentada que, como tal, se incorpora a un nuevo proyecto profesional. En ese momento, se da cuenta de que en su nueva organización existen planteamientos, consideraciones y aproximaciones a los aspectos clave de la gestión de personas que, en el mejor de los casos, se basan en «mitos» comúnmente aceptados. Los encuentra en sus colaboradores, en sus colegas y en su jefe, y considera que para poder contribuir, desde su posición actual, al logro de los objetivos de su organización, debe ser capaz de desmontarlos.

Este libro vuelve a ser una obra orientada fundamentalmente a la práctica profesional y con una clara intención divulgativa, sin perder por ello ni rigor ni profundidad. Los autores, quienes ya escribimos *Los 10 retos de Silvia*, nos volvemos a encontrar para intentar contribuir a que todos aquellos que tienen responsabilidades de gestión de equipos y personas encuentren respuestas para afrontar las dificultades de un entorno cambiante, muy competitivo y, además, en crisis.

Los diez capítulos tratan sobre la vinculación emocional de los directivos y ejecutivos, el papel de los sistemas de incentivos, la gestión efectiva de los cambios, la valoración de los intangibles, los valores corporativos, el ejemplo, la medición del retorno de la formación, la flexibilidad, la importancia de conocer el negocio y la satisfacción del empleado.

Es un libro escrito por y para profesionales que puede leerse de un tirón o servir de ayuda en un determinado capítulo cuando aparezca la necesidad, la inquietud o el interés por uno de los temas abordados.

Los autores deseamos que resulte ameno y útil, al tiempo que esperamos comentarios. Gracias por estar ahí.

1 | De cazar cabezas a generar compromiso
Plácido Fajardo

1. La última etapa de una historia de éxito

Algunos años más tarde, la carrera de Silvia como directora de Recursos Humanos había experimentado un indudable progreso. Los años del aprendizaje rápido e intensivo habían aumentado en buena medida su bagaje de experiencias y conocimientos. Eso sí, acompañada por una sensación de vértigo permanente y algunas mariposas aleteando en el estómago. Eran incontables las noches en las que no había podido conciliar el sueño con tranquilidad, presa de un inquieto duermevela en el que se aparecían fugazmente los problemas, las decisiones a tomar, los plazos que cumplir o los compromisos que recordar.

La primera posición directiva que se ocupa marca hondamente en la carrera profesional. También para Silvia, los últimos años, tras su bautismo como directiva de cierta responsabilidad, dejarían igualmente una huella que recordaría toda la vida. Habían sido varios años de duro trabajo tras los cuales podía percibirse claramente un antes y un después. Los problemas técnicos no habían representado una excesiva dificultad; al fin y al cabo, ella ya se había enfrentado a otros parecidos durante su experiencia anterior, cuando se dedicaba específicamente a las labores técnicas funcionales de Recursos Humanos. Pero el liderazgo, la gestión y dirección de equipos era otra cosa. Ahora la gente esperaba mucho más de ella: su jefe, sus colegas y, sobre todo, sus colaboradores. Había que soportar la presión y mantener la serenidad, lidiar con las dichosas situaciones de incertidumbre, manejar los conflictos con habilidad, entrenar a los colaboradores y alinearlos con la estrategia de la organización… Incluso, para rizar el rizo de las dificultades, también se esperaba de ella que fuese capaz de inspirar visión e ilusión en su equipo.

La práctica de las habilidades de gestión había ido convirtiendo poco a poco la bisoñez en veteranía. Las situaciones vividas en su trabajo diario le habían permitido enfrentarse a problemas nuevos, a percibir el impacto de sus comportamientos, a observar la conducta de los directivos más experimentados y aprender de ellos, a escuchar a los demás, etc. La habilidad para las relaciones interpersonales se había demostrado como uno de los aspectos clave en su gestión. Saber decir que no cuando era necesario, mantener la firmeza y hacerla compatible con la flexibilidad –ese famoso ejemplo del junco, flexible pero firme, que tanto utilizaba con sus colaboradores–. A base de probar y experimentar, de cometer errores y saber rectificarlos, de analizar la realidad y valorar la mayoría de los factores antes de tomar una decisión, Silvia estaba consiguiendo adquirir ese auténtico tesoro para cualquier profesional: el buen criterio.

Los años de experiencia aportan el mejor de los aprendizajes para quien sabe absorber de ellos todo su fruto, es capaz de extraer conclusiones efectivas de las vivencias y circunstancias que le rodean, y de aplicarlas en el futuro cuando es necesario.

En cuanto a los resultados tangibles de su gestión, Silvia había conseguido progresar muy positivamente en el conocimiento del negocio, de la organización y de las personas. Había demostrado una indudable capacidad de contribuir a la compañía y a su negocio en cada uno de los campos a los que la dirección de Recursos Humanos ha de enfocarse. Había mejorado la rapidez y agilidad de los procesos de selección, tanto internos como externos. Había conseguido aumentar la eficacia y optimizar el coste de su sistema retributivo. Había implantado políticas de desarrollo y aprendizaje extendidas para todos los empleados, que estaban dando sus frutos. Al mismo tiempo, la compañía estaba asentando una nueva cultura más abierta y participativa, unos sistemas de comunicación interna tendentes a reforzar la involucración, el compromiso y la motivación de los empleados.

Por otro lado, las duras medidas de eficiencia derivadas de los siempre necesarios ahorros de gastos de personal –la partida más relevante, con diferencia, del capítulo de gastos– se ponían en marcha cuidando los aspectos humanos y con el mayor respeto a las personas, todo ello dentro de un clima interno que podría calificarse, con carácter general, como satisfactorio.

Silvia se sentía muy integrada y satisfecha a su vez en la compañía. Desde su posición jugaba un papel crítico para contribuir a la fidelidad y el compromiso de los empleados. Su ejemplo como directora de Recursos Humanos era bien visible. Orgullosa de llevar la camiseta y los colores de la organización, intentaba por todos los medios contagiar ese orgullo a quienes la rodeaban. Aparentemente mostraba toda la energía y motivación necesarias aunque, en el fondo de su ser, no podía evitar una incipiente sensación de hastío. Quizá el mito de la fidelidad del directivo exitoso se estaba comenzando a tambalear en ella.

2. El ciclo se cumple

Esa impresión de haber logrado superar metas comenzaba a coincidir con la otra cara de la moneda, la de tener la sensación de que su trabajo era menos complicado, más abarcable. Algunos problemas se repetían y lo que en su día fueron situaciones nuevas y desconocidas para ella ahora se convertían en lugares comunes ante los que aplicar recetas ya probadas anteriormente. Silvia estaba empezando a vivir en primera persona esa etapa profesional en la que el dominio sustituye a la inseguridad, en la que la tensión deja paso a la templanza y uno se siente realmente dueño de lo que tiene entre manos. Lo que le estaba ocurriendo a ella no era una circunstancia nada excepcional. Simplemente estaba viviendo un final de ciclo.

Buscó en su archivo un artículo que había guardado después de leerlo unos meses atrás, en el que se hablaba precisamente sobre la gestión del ciclo profesional:

«Los ciclos profesionales son períodos temporales homogéneos en los que se desempeña un mismo puesto, con responsabilidades, funciones y ámbitos de gestión muy similares. La duración del ciclo depende del momento de carrera, son más cortos en los comienzos y tienden a irse alargando a medida que las responsabilidades se incrementan, hasta llegar a unos cuatro o cinco años en los períodos de mayor nivel directivo. La complejidad creciente, la diversidad de problemática y el entorno cambiante son factores que pueden ir alargando la vida del ciclo, aunque no mucho más de la duración indicada.

Fases del ciclo. Cada uno de los ciclos atraviesa por diferentes fases.

1. El aterrizaje. Supone la toma rápida de información y referencias de situación. Se trata de absorber de manera acelerada todos los inputs posibles, conocer a las personas, procesar los datos, medir nuestras capacidades y comenzar a actuar. Lo recomendable es abrir bien los sentidos y ser prudentes, evitando la precipitación».

Detuvo su lectura, apartó la vista de la pantalla mientras pensaba. A pesar de que solo habían pasado poco más de cuatro años desde su llegada, la intensidad de las experiencias vividas hacía que parecieran muchos más. Sin duda, recordaba esta etapa inicial con especial afecto y no pudo evitar una leve sonrisa mientras venían a su mente aquellos primeros días en su entonces nueva compañía.

«2. La consolidación. En esta etapa se va alcanzando un rendimiento más elevado, una contribución más notable y perceptible, que agrega valor para la organización.

3. El dominio. Supone la fase de la plenitud en el rendimiento. El trabajo se lleva a cabo de manera más automática, los problemas se resuelven más fácilmente, como repetición de situaciones vividas, un cierto déjà vu. El profesional nota que su eficacia alcanza un nivel alto, la famosa sensación de fluidez. A medida que esta se hace más patente y continuada, comienza a percibirse en paralelo una cierta carencia de reto.

4. El declive o acomodación. Se produce cuando cae la curva de aprendizaje. El trabajo se vuelve más repetitivo, se resuelve más fácilmente. La tentación natural es la de dejarse llevar por una situación confortable, en la que se percibe una progresiva ausencia de reto».

Silvia dejó de leer de nuevo. Pasó su mano por su rostro e interiorizó estas palabras. ¿Estaba realmente cayendo en la tentación de dejarse llevar? ¿Se estaba acomodando? ¿Tenía suficiente reto? Volvió de nuevo sus ojos al texto para acabar de leerlo.

Cambios de ciclo. Lo ideal sería que la organización proporcionara la oportunidad de que todos sus profesionales, especialmente aquellos con mayor valor y potencial directivo, desarrollaran una carrera de responsabilidad creciente. Con ello, al tiempo que incrementarían su contribución, mantendrían la curva de aprendizaje con trayectoria ascendente de manera continuada.

«Lamentablemente, las circunstancias reales dificultan en gran medida que esto suceda. Además, la meritocracia como criterio básico de asignación de las personas a los puestos no es aún la regla habitual en muchas organizaciones.

Para el directivo, la decisión de cambio debería estar basada en factores de largo plazo. El proyecto de carrera trazado ha de tener un destino más o menos aspirado. A este se debería llegar después de cuatro o cinco ciclos, tras los cuales alcanzar las cotas máximas en la trayectoria, medida en términos de responsabilidad.

La decisión correcta ha de considerar no solo el próximo paso, sino cuánto este nos acerca al siguiente. Las decisiones basadas exclusivamente en las condiciones económicas suelen ser desacertadas. A veces hay que dar un paso atrás para tomar impulso. Esto es algo razonable en el discurso, pero que pocos profesionales tienen la valentía y la visión de largo plazo de aceptar. El resultado es, en ocasiones, un acelerón repentino con parada dilatada posterior, cuando no un cierto estancamiento.

La percepción de que el ciclo se está agotando hay que tenerla clara, sentirla cada día al ir a trabajar. Cuando los síntomas de cansancio, la repetición, la comodidad o el aburrimiento se hacen patentes, puede ser necesario el cambio, dentro o fuera de la organización, siempre que uno aspire a culminar su trayectoria en el máximo de sus posibilidades» (Fajardo, Plácido, 2011, «La gestión del ciclo profesional», *Executive Excellence*, núm. 81).

El mensaje no podía ser más claro y directo, especialmente en su caso. Como directora de Recursos Humanos, ella misma era la máxima responsable del que el crecimiento y el desarrollo de los profesionales de su organización cumpliera esas máximas: curvas ascendentes de aprendizaje continuado, rotaciones internas que permitieran cambiar de ciclo, programas de evaluación e identificación de talento que orientaran los planes de desarrollo, sistemas de igualdad de oportunidades para acceder a las vacantes o nuevos puestos... Ella misma debía ahora aplicarse su propia medicina.

Hacía un par de meses que había recibido la última de esas llamadas que periódicamente reciben los directivos de mayor éxito. Se trataba de un conocido socio de una firma de búsqueda de ejecutivos, que sondeó su posible receptividad hacia un nuevo proyecto en otra compañía. El tema tenía buena pinta, pero ella no se mostró a priori muy interesada. Quizá influyó el hecho de que la llamada se produjera en medio de la vorágine de gestión que supone el proceso de revisión salarial anual en el que se encontraba inmersa en aquel momento.

Pensó de nuevo en la breve conversación telefónica que mantuvo con él e intentó recordar algunos de los datos que le proporcionó, mientras jugueteaba con el teléfono móvil en sus manos. Buscó su nombre en la memoria del dispositivo y pulsó la tecla de llamada. La suerte estaba echada.

3. Una nueva aventura

Su candidatura llegó por los pelos, justo cuando ya habían comenzado las entrevistas de la habitual terna finalista. En este caso fueron cuatro los directivos entrevistados, dado el empeño que el consultor puso en añadir a una cuarta persona: Silvia. El proceso de entrevistas, la toma de decisión y la posterior negociación fueron inusualmente rápidos. La compañía iniciaba una etapa nueva dentro de su Plan Estratégico y la dirección de Recursos Humanos jugaba un papel clave a futuro, como agente de cambio, en el proyecto de transformación que era necesario acometer.

No pudo evitar sentirse atraída por el reto de lo novedoso. La nueva compañía era más grande, con casi el doble de empleados y una mayor presencia internacional. Su equipo era igualmente más numeroso en cantidad y calidad profesional, así como también lo era el presupuesto que debía gestionar. Pero, sobre todo, lo que más la motivaba era enfrentarse otra vez a situaciones nuevas, trabajar con personas distintas y en un entorno diferente, con otra cultura de empresa, otros valores, en un negocio nuevo dentro de un sector claramente de futuro. Había dicho tantas veces en sus intervenciones en los cursos de formación que era necesario salir de la zona de confort para conseguir el verdadero aprendizaje, que ahora, si quería ser coherente, no tenía más remedio que aplicarse ella misma tan sabia recomendación.

La fidelidad continuada a una organización a lo largo del tiempo ha de ser compatible con el progreso profesional. La evolución de los ciclos de carrera representa la auténtica prueba de fuego ante el mito de la fidelidad a una misma empresa.

Los profesionales de mayor valor son más exigentes a la hora de demandar el crecimiento continuado en su trayectoria. No me refiero solo a los signos externos derivados del crecimiento, como es la promoción vertical hacia la cúspide. Esta es una consecuencia deseable, aunque no tiene por qué producirse en todos los casos. La progresión en la carrera no consiste solo en trepar. También se da en los casos de rotaciones, cambios de puesto, de responsabilidades, de área geográfica, de unidad de negocios, etc. En definitiva, se trata de enriquecer las experiencias y aumentar el ámbito y la problemática a la que enfrentarse.

4. Su nuevo equipo: nuevos mitos y paradigmas

Su equipo la recibió en general de manera positiva. La salida del anterior director de Recursos Humanos no había sido debidamente planificada, por lo que no hubo tiempo de preparar a un sucesor internamente. Es cierto que algún miembro de su equipo aspiraba a ocupar la posición, aunque sin demasiada convicción. Carecía de algunas competencias clave para la posición y lo sabía, pero no por ello dejó de sentir una cierta decepción. El caso es que existía una cierta expectativa creada ante la llegada de la nueva directora. En cuanto se comunicó su nombre, los miembros de su futuro equipo comenzaron a indagar y pedir referencias de quienes la conocían. Su tarjeta de presentación no podía ser más favorable: excelente profesional a la que acompañaban los resultados, líder apreciada por su equipo y sus colegas, magníficamente valorada por sus antiguos jefes y con buen cartel en general en el mercado.

Sus colaboradores estaban deseando comenzar a trabajar con Silvia. Además, los dos meses de vacío habían retrasado algunos proyectos que había que relanzar. En las primeras reuniones con cada uno de sus colaboradores les pidió algo inusual, que les resultó extraño. Dedicarían una sesión a revisar los mitos y paradigmas asumidos por la organización como parte de su cultura, en relación con el área de responsabilidad de cada uno de ellos. Por un lado, se reuniría con quienes ocupaban posiciones de experiencia funcional en el equipo, como desarrollo de talento, compensación y beneficios, organización y estructuras, relaciones laborales y servicios al empleado. Por otro, lo haría con los generalistas o responsable de área de negocio de Recursos Humanos, consultores que prestaban apoyo a los diferentes negocios. El objetivo para ella era hacerse rápidamente una idea acerca de la cultura organizativa imperante en materia de gestión y desarrollo de personas. También trataría de aportar su visión respecto a cada uno de los paradigmas y, por qué no, desmitificar algunas de las asunciones escritas en piedra.

5. La selección y el nombramiento de directivos, el momento de la verdad

La primera de las funciones sobre la que trataron fue el desarrollo de personas y capacidades, el aprendizaje y como asegurar, por otro lado, que la compañía contaba con los profesionales adecuados, en los puestos adecuados y con la capacitación requerida para ofrecer un alto rendimiento.

También, de paso, abordarían algunos de los mitos más extendidos, como el ya comentado acerca de la fidelidad a la empresa, en lo relacionado con la selección, la vinculación y la generación de compromiso de directivos. El primero de los mitos que Silvia escuchó de su colaborador se refería a la confianza como criterio básico a la hora de elegir al equipo.

5.1. Primer mito. A la hora de elegir a mi equipo, prefiero gente leal y de mi confianza

Sin duda era una máxima bastante extendida, pero que en esta compañía se llevaba a rajatabla. Como consecuencia, los directivos preferían arrastrar con ellos a sus antiguos colaboradores cuando eran destinados a otras responsabilidades. Al hilo de este asunto, entabló una conversación con el responsable de desarrollo de talento, función que incluía selección, durante la cual Silvia sacó a colación un artículo alusivo al tema que había leído en su día.

«Acertar en las decisiones que afectan a las personas me ha parecido siempre algo bastante difícil. Piense en la última vez que tuvo que decidir, por ejemplo, a quién seleccionar como colaborador entre los diferentes candidatos que tenía disponibles. Probablemente los criterios que aplicó a la hora de valorar a esa persona fueron, entre otros, la experiencia adquirida, los resultados conseguidos, las habilidades demostradas o los conocimientos aprendidos. Cuando, además, entre los diferentes candidatos hay que optar entre unos que son conocidos junto a otros que están por conocer, la balanza suele decantarse a favor de los primeros, o al menos se les otorga una ligera ventaja de partida.

Hasta ahí parecería lógico, incluso sería recomendable que la elección de la persona recayera en un candidato conocido interno, frente a otro que no forma parte de la organización. Con ello conseguimos favorecer la carrera profesional interna, y transmitimos un mensaje positivo hacia dentro, que alienta el interés por el desarrollo. Pero por otro lado, no siempre es posible encontrar candidatos idóneos con el perfil adecuado, e incluso en ocasiones puede ser aconsejable incorporar a alguien del exterior, que traiga un bagaje profesional generado en entornos diferentes y pueda enriquecer o reforzar a los de dentro, o bien servirles de estímulo o revulsivo.

En cualquier caso, si hablamos de personas que ya son conocidas –ya se trate de alguien interno o externo–, lo que a veces sorprende es el excesivo énfasis que se da a un criterio adicional a los anteriores y que, siendo importante, pienso que no debería ser considerado de manera tan determinante. Me refiero a la lealtad. Pero no a la deseable lealtad que debe exigirse en el futuro a quien se incorpora a un nuevo puesto, sino a la interesada lealtad previa demostrada por el candidato al jefe que le elige.

No seré yo quien cuestione la importancia de la lealtad en el trabajo, desde luego. La lealtad o fidelidad hacia la organización a la que se sirve y hacia sus dirigentes es un rasgo demostrativo de buena fe y una condición necesaria en cualquier relación laboral sana, cuya ausencia puede constituir incluso una justa causa para el despido, llegados a un extremo. Lo que ya me parece más cuestionable es el hecho de considerar la lealtad ya demostrada como una ventaja frente a otros criterios profesionales de idoneidad y ajuste al perfil que buscamos. Hay muchas formas de agradecer la fidelidad prestada en el pasado. Pero creo que la mejor no es promocionar –por ejemplo– a quien nos ha sido leal, por el simple hecho de haberlo sido, a un puesto cuya responsabilidad le queda grande. Desde luego nos aseguraremos la fidelidad eterna y, en este caso, reforzada, de alguien mediocre. Pero podremos perder con ello una magnífica ocasión de elegir a otro candidato que hubiera estado más y mejor cualificado. Además, ¿por qué suponemos que un profesional que no conocemos va a ser menos leal a futuro que los que ya lo han sido?

Rodearse del mejor talento posible es una muestra de inteligencia; el talento atrae al talento. Un colega me dijo un día que a él le gustaba contratar profesionales que pudieran llegar a ser su jefe. No es mala práctica, desde luego. Por el contrario, rodearse de una cohorte de leales que aseguren una fidelidad interesada o basada en puro clientelismo, sin considerar demasiado sus capacidades, demuestra desconfianza, inseguridad y una pobreza de miras nada recomendables» (Fajardo, Plácido, 2007, «Saber elegir», *Expansión,* 24 de abril).

Efectivamente se trataba de un asunto espinoso. La tentación de elegir a quienes ya son leales puede entenderse como una reacción humana, pero por encima de ella tienen que situarse otros criterios, como la idoneidad, la adecuación al perfil buscado, en definitiva, la mejor opción de las posibles. Por eso, cuanto más se abra la baraja de las posibilidades, más probabilidad tendremos de acertar con la decisión, en definitiva, de saber elegir.

5.2. Segundo mito. Prefiero candidatos internos porque es muy difícil que alguien del exterior entienda lo compleja y *especial* que es nuestra organización

Este segundo mito lo explicaba a Silvia su colaborador haciendo gala de una lógica aplastante, totalmente convencido de lo que decía. Ninguna empresa es tan compleja como la nuestra, le decía. A ella le recordaba otras conversaciones con terceros que adornaban sus afirmaciones con un tinte casi enigmático, «esta casa es muy difícil de entender, es muy complicado manejarse en ella», «es raro encontrar una empresa tan especial, tan particular como esta». Son frases hechas repetidas a menudo y que no son sino otro mito del tamaño de una catedral.

Es frecuente pensar que lo nuestro es lo más complicado del mundo, que lo de los demás es algo más facilito. Nuestro sector es el más duro y difícil, nuestra empresa tiene unos procesos sofisticados, nuestra gente es rarita, los flujos de poder y decisión no son nada evidentes, etc. Este tipo de afirmaciones se dan más cuanto menos se ha movido quien las sostiene. No hay nada como vivir diferentes empresas para darse cuenta que todas las compañías tienen su singularidad, pero que en comparación con otras realmente son mucho menos complicadas de lo que nos parecen. Por otro lado, el hecho de pensar así no solo da muestras de ignorancia, trufada de cierto desprecio hacia lo que no conocemos, sino que también desprende un cierto tufillo de arrogancia que hace caer a menudo en el ridículo ante los demás.

Aunque efectivamente existen compañías en las que el fracaso es la nota habitual para quienes se incorporan a ellas desde el mercado, estas son las excepciones. En la mayoría de los casos, los buenos profesionales que aterrizan en una organización se deberían distinguir, entre otras cosas, por su capacidad de observar y entender el entorno, de aprender rápido, adaptarse y contribuir en diferentes situaciones, nuevas y cambiantes, con distintos interlocutores. Es verdad que siempre existe un cierto peligro de que la cosa salga mal, ya sea por falta de adaptación, encaje con el entorno o química personal. Pero siempre será mejor asumir esa prima de riesgo que tomar la mala decisión de elegir a alguien conocido internamente, que carece de las capacidades necesarias de forma ostensible, con el simple argumento de que ya conoce la organización como única ventaja.

5.3. Tercer mito. La experiencia sectorial es *conditio sine quae non* para incorporarse a esta empresa

La conversación entre Silvia y el responsable de Selección evolucionó hacia otro aspecto: los criterios generales que se valoraban por la compañía a la hora de captar talento directivo del mercado. En general, se tenía mayoritariamente asumido que la experiencia en el mismo sector de actividad era un requisito imprescindible. Cuando no tenían más remedio que acudir al mercado, raramente salían de su propio sector a la hora de valorar candidatos. Así se lo pedían claramente a los cazatalentos con los que trabajaban. El mito aquí no era otro que la dificultad de cualquiera que viniera de otro sector para entender cómo funcionaba este. Las particularidades del negocio, las relaciones previas con clientes o proveedores, el entendimiento de los procesos básicos, bastante parecidos por cierto entre las empresas competidoras, convertían el conocimiento sectorial en algo imprescindible, según decían. De hecho, la mayoría de los directivos que se habían incorporado del exterior a lo largo de los últimos cinco años procedían de competidores directos, entre los cuales se cambiaban cromos y movían el banquillo robándose unos a otros a los directivos más destacados. Como resultado de esta política predominaba una notable endogamia, según la cual todos se conocían entre ellos se marcaban de cerca, se vigilaban mutuamente los movimientos y estrategias. La consecuencia más nociva de esta política era la escasez de innovación que caracterizaba a la compañía.

Sobrevalorar la experiencia sectorial puede constituir un error en los procesos de selección de directivos por varias razones. En primer lugar, en un mundo tan interrelacionado como el que vivimos, las barreras sectoriales cada día son más difusas. Las estrategias de diversificación, tan en boga, traen consigo que las compañías lancen nuevos productos y sobre todo nuevos servicios propios de otros sectores, que exploren nuevos canales de captación y fidelización de clientes que le resultaban ajenos, que se alíen con socios para acometer nuevos mercados geográficos, para compartir costes de producción o infraestructuras, etc.

Ante esta situación, Silvia pensaba al contrario. Lo más inteligente, decía, debería ser dotar a la compañía de la mayor diversidad posible, captar talento experto en aquello que no ha sido hasta ahora una fortaleza. Traer profesionales que hayan tenido éxito en aquello que no sabemos hacer, pero que debemos comenzar a hacer de la mejor manera posible. Si hemos de reforzar el canal *online,* por ejemplo, traigamos a alguien que proceda de alguno de los sectores más avanzados en ganar y retener clientes por esta vía. Si nuestro marketing carece de la garra necesaria, traigamos a alguien que proceda de uno de los sectores caracterizados por poseer un marketing más cuidado, agresivo y exitoso. Si hemos de migrar cada vez más desde una cultura de producto a otra de servicio, por ejemplo, salgamos a buscar directivos en los sectores con más tradición y buen hacer en el mundo de los intangibles, conocedores de un concepto clave y en auge: la experiencia del cliente.

5.4. Cuarto mito. Los candidatos han de venir corriendo hacia mi empresa con los brazos abiertos cuando los llame

Vinculado en buena medida con el anterior, Silvia y su colaborador charlaban ahora de otro mito arraigado en la empresa: cuando me decido a contratar a alguien del mercado, debería sentirse atraído inmediatamente por nuestra organización. Quizá este mito tenga su raíz en el alto sentido de pertenencia que suele impulsarse como forma de aumentar el compromiso de los empleados y directivos, y como consecuencia, su rendimiento. Si trabajamos en el mejor sitio del mundo, ¿cómo no quieren venir otros cuando les llamamos? No me refiero a un paradigma presente solo en las escasas compañías que se consideran lugares excelentes para trabajar –según sus miembros, que es lo que vale–. Me refiero a una gran mayoría de organizaciones que testan su capacidad de seducción cuando se enfrentan, por ejemplo, a una búsqueda externa de directivos.

Sorprende el alto concepto de sí mismas de muchas organizaciones. Ni siquiera la crisis lo ha eliminado; muy al contrario, las compañías que están contratando entienden que los candidatos deberían correr hacia ellas. Sobre esta afirmación hay que hacer algunas aclaraciones. En primer lugar, no es oro todo lo que reluce: la percepción de la realidad que se tiene desde el exterior no siempre coincide con la interna. Pero además sobreestimar a la propia organización supone un error de bulto a la hora de atraer el talento, por el exceso de confianza que trae consigo. El proceso de atracción de talento requiere todo el cuidado y la atención por parte del empleador. Es necesario mostrar al candidato los atributos de la organización, la base de su cultura y valores, los retos de la posición buscada, su proyección futura, etc. También es conveniente que algunos miembros de la alta dirección participen en el proceso de entrevistas, para que puedan transmitir de manera directa y cercana la estrategia y los objetivos a los que se aspira.

Confiar en que los candidatos arderán en deseos de incorporarse a nuestra empresa es una torpeza. En situación de crisis, además, los profesionales se lo piensan mucho antes de aceptar cambiar de compañía. Las posibilidades de verse inmerso en una desagradable situación, como una restructuración, recorte de personal o reducción de condiciones, es algo que siempre anda flotando en el ambiente. Así como el directivo dispone de bastantes datos para valorar la probabilidad más o menos cierta de que esto ocurra en su empresa actual, carece de información respecto a su potencial nueva empresa, más allá de lo que le diga su intuición.

5.5. Quinto mito. Pedir cláusula de blindaje es una muestra de desconfianza del candidato

Como demostración patente del mito anterior, existía un aspecto frecuente en la nueva empresa de Silvia: la solicitud por parte del candidato cuya incorporación se negociaba de una cláusula especial de garantía, que estableciese una indemnización –más allá del mínimo legal– en caso de que se produjera una extinción anticipada del contrato, por causas ajenas a su voluntad. Estas cláusulas, denominadas en el argot como «blindajes» o «paracaídas», eran vistas como una muestra de desconfianza por la compañía. Les resultaba incómodo tratar sobre algo que solo se aplicaría si las cosas iban mal, en el momento inicial en el que justo pretendían lo contrario con el fichaje de un nuevo profesional. Era como si el candidato no se fiara de las buenas palabras y quisiera amarrar la situación en su favor más allá de lo admisible.

Pero es humano y comprensible –sobre todo en estos tiempos tan revueltos–, que quien decide dejar su compañía de forma voluntaria con el fin de mejorar profesionalmente pretenda cubrirse, al menos durante los primeros años, ante eventualidades que hoy pueden verse remotas, pero que los avatares del mercado y la dinámica empresarial pueden hacer que ocurran. Pensemos, por ejemplo en los casos de fusiones y adquisiciones en los que se producen reducciones de estructuras, en los cierres de filiales de multinacionales que trasladan sus operaciones a otros países o simplemente en un cambio de jefe con el que no funciona la química y que decide dar por terminada la colaboración del directivo. Lamentablemente la lista de casos es tan numerosa que resulta ingenuo pensar que es algo que nunca ocurrirá en nuestra organización.

Si queremos atraer al mejor talento, a veces hay que ser flexible y acceder a incluir en el contrato un aspecto como este, muy apreciado por el candidato, que representa un cierto quitamiedos para él y para su familia –la opinión del cónyuge resulta a veces decisiva–, y que despeja las dudas ante una eventualidad no deseada por nadie, pero que nunca deja del todo de estar flotando en el ambiente.

5.6. Sexto mito. Los mejores candidatos son los que hoy están trabajando con éxito, no nos gusta contratar profesionales en período de reorientación y desempleo

Pues sí, también en su nueva empresa Silvia comprobó que este era un mito preconizado por casi todos. El extendido prejuicio sostenía que el directivo que se quedaba fuera de la rueda era menos valioso que quien seguía dentro. El mito atribuía una cierta culpabilidad a quien se había visto obligado a salir de la organización. Si fuera alguien valioso no le habrían dejado salir, o bien habría sido fichado inmediatamente por otra compañía. Lo de estar en el paro se consideraba un cierto demérito, una especie de mancha en la hoja de servicios que debería mostrarse impecable, con una sucesión perfecta de experiencias exitosas en unas empresas u otras. Si te bajas de un caballo ha de ser para subirte a otro. Eso de quedarse fuera del mercado levantaba sospechas y desde luego no resultaba atractivo en absoluto a la hora de elegir talento a captar del exterior.

Parecía mentira que el mito siguiera aún tan vigente, pensaba Silvia, a pesar de la rotundidad de los argumentos que lo desmontaban. Durante los últimos años el mundo económico y empresarial se había convulsionado como nunca. Asistimos a un nuevo orden mundial que tumbaba los viejos paradigmas. Sólidos gigantes empresariales caían de la noche a la mañana como un castillo de naipes. La televisión mostraba filas de empleados abandonando las oficinas en Estados Unidos, sin más pertenencias que una caja de cartón con objetos personales y un cheque con el que sobrevivir algunos meses. La crisis de deuda hacía saltar por los aires el sistema financiero, incapaz de hacer frente a los compromisos adquiridos. Los cierres y las reducciones de empleo de empresas asfixiadas por la falta de liquidez están a la orden del día. España, especialmente, es sacudida por la mayor crisis de su historia, fruto de la imprevisión, de un cúmulo de decisiones desacertadas y del impacto internacional más que negativo.

En este entorno, ¿quién puede hablar de demérito cuando se pierde el empleo? ¿Alguien no tiene entre su familia y amigos algún magnífico profesional que se ha visto obligado a abandonar su empresa contra su voluntad? Ninguna compañía debería sorprenderse al comprobar que un candidato se ha visto inmerso en un proceso de reducción de estructura que le ha dejado fuera, por circunstancias que le superan con mucho, que nada tienen que ver con su alto o bajo rendimiento. Lo negativo en estos casos no es que el directivo esté fuera del mercado, sino qué está haciendo desde que quedó en esa situación, cómo lo ha tomado, cómo está aprovechando este período para mejorar capacidades; en definitiva, de qué forma está enfrentándose a esta situación.

La capacidad para sobreponerse a la adversidad y superar obstáculos, la famosa resiliencia, es cada día más apreciada por las compañías en sus directivos, que han de lidiar con un entorno durísimo.

Por otro lado, es importante destacar otro argumento que desmonta este prejuicio. Los constantes cambios organizativos en las empresas imposibilitan de hecho la conciliación entre la satisfacción de las necesidades de la compañía y el crecimiento de carrera en sus directivos. Así, es frecuente la rotación no deseada hacia posiciones que representan una disminución de responsabilidades o ámbitos de gestión. ¿Qué hacer cuando te proponen un cambio de puesto contrario a tus expectativas de carrera? ¿Cómo encajar esos ajustes organizativos que suponen una vuelta atrás? ¿Aceptarlos por fidelidad a la compañía y esperar a tiempos mejores, mientras tu currículo baja enteros? Silvia pensaba en su reflexión anterior sobre los ciclos de carrera. ¿Resignarse o dar un paso al frente? Indudablemente, prefería lo segundo. Dice más en favor de un profesional el haber demostrado la valentía de rechazar un cambio con claro retroceso de carrera –aun cuando esto le suponga salir de la organización y buscar mejores alternativas– que aceptar un movimiento que reduce su trayectoria de aprendizaje y frena en seco su crecimiento. Ella tenía muy claro este criterio y así lo transmitiría a su nueva empresa a la hora de valorar a los potenciales candidatos en el futuro. De hecho, recordó también en este aspecto una lectura que había caído en sus manos, con la que coincidía y que, como era habitual en ella, había guardado en su archivo.

«La reorientación de carrera puede estar ocasionada por una decisión personal, firme y meditada, pero también por circunstancias que nos empujen a ello. A veces será la pérdida del empleo, tan frecuente en estos días, lo que nos lleve a plantearnos nuevos derroteros. Otras, la insatisfacción de sentirnos profundamente desmotivados, o de necesitar algo distinto que nos devuelva la plenitud y el entusiasmo. En cualquier caso, es un considerable generador de ansiedad. Remueve nuestro interior, provoca reflexión, dudas y miedos. Nos lleva de la euforia al pesimismo, en una especie de montaña rusa emocional que altera nuestro comportamiento y relaciones con los demás e, indudablemente, requiere una buena dosis de valentía.

Uno de los miedos más frecuentes en los períodos de transición es el de perder la identidad por la que somos reconocidos y que a veces se adueña de nosotros. Nos comprometemos tanto con la compañía para la que trabajamos que terminamos pensando que no somos más que una prolongación de ella. Tememos caer en una especie de anonimato, una vez huérfanos del paraguas que nos cobija y vincula, por el que profesamos una arraigada y orgullosa sensación de pertenencia. Tememos que nuestra identidad profesional quede difuminada, disuelta como un azucarillo, una vez desprovistos del manto protector que creemos da sentido a nuestra vida. No hablo de la inseguridad de perder temporalmente los ingresos fijos, sino del error de creer que nuestra valía viene dada por nuestra posición, por el hecho de estar donde estamos y no de ser lo que somos.

La reputación profesional va con cada uno de nosotros y es resultado de lo que hemos sido capaces de hacer y aprender a lo largo de nuestra trayectoria. Recogemos los frutos que sembramos y no otros, al menos a la larga. Haber conseguido logros valiosos, mejorado nuestras habilidades y actuado coherentemente con arreglo a unos valores es un activo que nos acompañará de por vida donde quiera que vayamos. El verdadero reconocimiento externo viene dado por lo que hemos consolidado en nuestro bagaje profesional y no solo por una determinada posición ocupada temporalmente. Además, la convicción en nuestras propias capacidades representa un indudable atractivo para otras empresas que puedan emplearnos o para posibles clientes que quieran contratar nuestros servicios.

Hay que perder el miedo a unas transiciones de carrera cada día más frecuentes. Es necesario ganar en autoconfianza y tener un sentido ponderado y realista de nuestro verdadero valor individual. Un valor estimado en su justa medida por las empresas que dejamos, por cierto. Como dice mi amigo Fer, no es más grande el que más espacio ocupa, sino el que más vacío deja cuando se va» (Fajardo, Plácido, 2009, «Transiciones», *Expansión*, 4 de febrero).

5.7. Séptimo mito. No tenemos problemas de retención; nuestros directivos están fidelizados por el peso de nuestra marca, además no se van a ir con el frío que hace fuera

Tampoco este mito de su nueva compañía le parecía a Silvia demasiado original. Sobre la primera parte de la frase, insistía en su idea: la fidelidad del directivo derivada exclusivamente del mero peso de la marca se antoja un argumento bastante pobre y débil. Si la cosa va hoy no solo de cazar o desarrollar cabezas o talento, sino de comprometerlas y vincularlas emocionalmente, confiar este trabajo al tirón de los colores de la marca supone una ingenuidad, cuando no una torpeza.

El directivo –y por extensión el mando intermedio, e incluso el empleado– fidelizado y comprometido es aquel que se siente partícipe de un proyecto retador e ilusionante. Que es tratado con justicia y respeto. Que recibe toda la información necesaria para poder llevar a cabo su trabajo. Que cuenta con el nivel adecuado de autonomía y capacidad para la toma de decisiones. Como decía un conocido presidente de una gran compañía, «quiero que mis directivos se sientan realmente empresarios». Desde Recursos Humanos y desde la más alta dirección no hay que bajar la guardia. Hay que ser consciente de que el directivo está más expuesto a soportar las presiones cotidianas, los sinsabores en los momentos difíciles, la angustia de alcanzar el resultado deseado que cada vez es más exigente. No hay que presuponer la motivación, la fidelidad y el compromiso. Hay que preocuparse de preguntar si realmente existen y en qué grado. Y hay que trabajar para conseguirlas, ser sensible a las necesidades del equipo, cuidar de su desarrollo e intentar algo muy difícil pero enormemente importante: colocar a las personas adecuadas en las posiciones adecuadas.

Respecto a la segunda parte de la afirmación, es triste pensar que los directivos están fidelizados simplemente por las dificultades del exterior. La rotación baja en tiempos de crisis es un fenómeno bastante lógico y comprensible. Como decíamos en uno de los puntos anteriores, la reticencia al cambio aumenta a medida que lo hace la desconfianza en la situación económica general. Dar el salto en tiempos de dificultades y congojas resulta más arriesgado. Si la cosa sale mal, las dificultades para conseguir reubicarse en un nuevo proyecto son mayores, sencillamente porque hay menos alternativas. Todo eso es cierto, pero el coste de mantener en la organización a directivos que no se marchan porque no pueden, porque una jaula de oro les retiene o porque la coyuntura económica desfavorable les disuade de emprender nuevas aventuras más motivadoras, más acordes con sus capacidades y su crecimiento de carrera, puede resultar a la larga toda una bomba de relojería.

¿Realmente es mejor mantener en la organización directivos capaces pero faltos de motivación y compromiso? ¿Cómo actúa quien piensa que no le queda más remedio que trabajar donde lo hace, anhelando que las cosas puedan cambiar algún día? La misión principal de un gestor de personas es la de conseguir el mayor rendimiento posible de aquellos a quienes dirige. Para ello actúa como correa de transmisión o eslabón de la cadena entre el máximo órgano de decisión y quienes trabajan en los puestos más operativos. Ha de saber transmitir la estrategia hacia abajo, conseguir el alineamiento de su equipo y comunicar hacia arriba aquello que sea necesario. Si el rendimiento se consigue mediante la motivación, que no es otra cosa que la actitud y predisposición que nos lleva a querer hacer bien las cosas, ¿cómo llevarán a cabo esta tarea hacia su equipo aquellos responsables que se sienten desmotivados, desconfiados o desilusionados con una compañía en la que permanecen, simplemente porque no se pueden ir?

En los puestos directivos deberían estar los mejores, no solo por sus capacidades, sino por su desempeño y sus resultados, sus valores y sus comportamientos asociados a estos. Conseguirlo de manera continuada en el tiempo es una labor estratégica de primer orden a cuyo fin es necesario dedicar recursos y talento. Generar una comunicación estrecha, abierta y transparente, demostrar un interés real por la situación y el momento de carrera de cada uno y, en definitiva, conseguir una relación de verdadera confianza con el directivo supone uno de los mayores retos en la gestión de personas en las organizaciones.

6. Manos a la obra, de la desmitificación a los nuevos valores

Silvia y su nuevo colaborador, el responsable de desarrollo de talento, llevaban un buen rato charlando. Habían dado un buen repaso a las políticas y las prácticas preponderantes en la organización en lo relativo a la atracción y el desarrollo del talento. Ella había comprobado que algunos de los mitos comúnmente aceptados de manera extendida también se consideraban asumidos en la nueva casa a la que se incorporaba.

Cambiar la cultura interna en aspectos tan estratégicos y relevantes como los comentados no iba a ser algo fácil. Requería una dosis importante de paciencia y perseverancia. Pero sobre todo sería necesario un esfuerzo titánico de comunicación. Habría que emplearse a fondo a la hora de demostrar con la mayor elocuencia, y a ser posible con evidencias tangibles, que si la organización quería realmente afrontar una nueva etapa tendría que cambiar muchas cosas. Habría que comenzar por romper los viejos paradigmas inservibles, soltar lastres que impedían modernizar la estructura y enfilar el futuro con la actitud adecuada.

Había mucho que hacer para desmitificar todas estas creencias legendarias. En algunos aspectos, su misión tendría tintes iconoclastas, rupturistas, pero merecía la pena intentarlo. Comenzaría por arriba, por trabajar con la alta dirección para ganar su apoyo y confianza. La cultura organizativa se cambia de arriba abajo y las resistencias internas al cambio se vencen en la misma dirección. Por eso era fundamental que el esfuerzo fuese común y compartido con su jefe, el primer ejecutivo, y con sus colegas miembros del comité de dirección. Ellos mismos deberían comulgar con una nueva manera de entender las políticas de gestión y desarrollo de los directivos, para ser extendida después hacia el conjunto de la organización.

Una de sus primeras decisiones sería la de cambiar el modelo organizativo del departamento de Recursos Humanos para acercarlo más al negocio, a las necesidades e inquietudes de los directivos y de los *managers* o gestores de equipos. Esta cercanía llevaría consigo una cierta complicidad necesaria para que los resultados se produjeran, pero al mismo tiempo requería dinamizar a la organización y asegurarse que se alineaba con la nueva cultura y los nuevos valores.

Desde ahora, ella y su equipo se esforzarían por conseguir un nuevo modelo de gestión de personas basado en una cultura abierta y participativa y unos nuevos valores como la meritocracia, el desarrollo, la comunicación y el equipo. Sería necesario asegurarse de que la empresa contaba con las personas adecuadas en los lugares adecuados, comenzando por los más estratégicos, los puestos superiores. Había que comprobar que, no sólo sus aptitudes, sino sus actitudes, comportamientos y motivación eran las adecuadas. Seguramente no todos se subirían al carro, con lo cual sería mejor invitarles a que siguieran su camino, lo que no resultaría nada fácil. También sería necesario incorporar selectivamente algo de savia nueva, así como aflorar el talento interno con potencial para asumir roles de mayor responsabilidad, bajo un mensaje contundente y creíble de apuesta por el desarrollo interno.

Su nuevo ciclo profesional albergaba indudables desafíos para Silvia. Frente a ellos no podía dejar de experimentar una mezcla de sensaciones que le resultaba familiar. De nuevo se enfrentaba a retos difíciles de superar, a incógnitas que pondrían a prueba sus capacidades. Y no podía resistirse a la tentación de sentirse irremediablemente atraída.

EN RESUMEN

1. Los años de experiencia aportan el mejor de los aprendizajes para quien sabe absorber de ellos todo su fruto, es capaz de extraer conclusiones efectivas de las vivencias y circunstancias que le rodean, y aplicarlas en el futuro cuando sea necesario.

2. Los ciclos profesionales son períodos temporales homogéneos en los que se desempeña un mismo puesto con responsabilidades, funciones y ámbitos de gestión muy similares. Lo ideal sería que la organización proporcionara la oportunidad de que todos sus profesionales, especialmente aquellos con mayor valor y potencial directivo, desarrollarán una carrera de responsabilidad creciente.

   La percepción de que el ciclo se está agotando hay que tenerla clara, sentirla cada día al ir a trabajar. Cuando los síntomas de cansancio, la repetición, la comodidad o el aburrimiento se hacen patentes, puede ser necesario el cambio.

   La fidelidad continuada a una organización a lo largo del tiempo ha de ser compatible con el progreso profesional. La evolución de los ciclos de carrera representa la auténtica prueba de fuego ante el mito de la fidelidad a una misma empresa.

3. Rodearse del mejor talento posible es una muestra de inteligencia; el talento atrae al talento. Por el contrario, rodearse de una cohorte de leales que aseguren una fidelidad interesada o basada en puro clientelismo, sin considerar demasiado sus capacidades, demuestra desconfianza, inseguridad y una pobreza de miras nada recomendables.

4. Los buenos profesionales que aterrizan en una organización se deberían distinguir, entre otras cosas, por su capacidad de observar y entender el entorno, de aprender rápido, adaptarse y contribuir en diferentes situaciones, nuevas y cambiantes, con distintos interlocutores.

5. Sobrevalorar la experiencia sectorial puede constituir un error en los procesos de selección de directivos.

Lo más inteligente, debería ser dotar a la compañía de la mayor diversidad posible, captar talento experto en aquello que no ha sido hasta ahora una fortaleza. Traer profesionales que hayan tenido éxito en aquello que no sabemos hacer, pero que debemos comenzar a hacer de la mejor manera posible. Sobreestimar a la propia organización supone un error de bulto a la hora de atraer el talento, por el exceso de confianza que conlleva. El proceso de atracción de talento requiere todo el cuidado y la atención por parte del empleador. Es necesario mostrar al candidato los atributos de la organización, la base de su cultura y valores, los retos de la posición buscada, su proyección futura, etc.

Confiar en que los candidatos arderán en deseos de incorporarse a nuestra empresa es una torpeza.

6. La capacidad para sobreponerse a la adversidad y superar obstáculos, la famosa resiliencia, es cada día más apreciada por las compañías en sus directivos, que han de lidiar con un entorno durísimo.

7. Hay que perder el miedo a unas transiciones de carrera cada día más frecuentes. Es necesario ganar en autoconfianza y tener un sentido ponderado y realista de nuestro verdadero valor individual. Un valor estimado en su justa medida por las empresas que dejamos.

8. En los puestos directivos deberían estar los mejores, no solo por sus capacidades, sino por su desempeño y sus resultados, sus valores y sus comportamientos asociados a estos. Conseguirlo de manera continuada en el tiempo es una labor estratégica de primer orden a cuyo fin es necesario dedicar recursos y talento.

2

Los incentivos siguen sin incentivar
Ignacio Mazo

Este sábado por la mañana Silvia se ha despertado temprano. Acaba de terminar una semana intensa en la que ella y su equipo han estado reflexionando sobre la estrategia de compensación de su nueva empresa. Silvia ya ha vivido esta situación en el pasado. La gran diferencia es que entonces acababa de asumir la posición de directora y ahora ya acredita varios años de experiencia, por lo que se considera mejor preparada para atender los requerimientos del negocio de su nueva empresa y para contestar a las dudas e inquietudes de su jefe, de sus colegas del equipo directivo y de su colaboradores sobre la compensación. Mientras se prepara el desayuno reflexiona sobre lo similares que son estas dudas e inquietudes con las que se planteaban en su anterior empresa, lo que le lleva a concluir que tenemos un «modelo mental» muy enraizado sobre estos temas.

Le va a tocar, pues, volver a desmontar muchas ideas equivocadas pero firmemente asentadas respecto de lo que funciona y no funciona, respecto de lo que hay que hacer y hay que dejar de hacer en materia de compensación. Otra vez tiene la sensación de remar contra la corriente, la necesidad de empezar a concienciar a todos a su alrededor de que todo lo relacionado con las recompensas (sueldo, incentivos, dietas u otras percepciones económicas, conciliación, carrera y oportunidades de aprendizaje) es algo importante, una herramienta de gestión muy relevante. Una herramienta que bien utilizada puede ayudarnos a orientar y a alinear los comportamientos de directivos y empleados en relación con la estrategia de negocio y que mal utilizada puede ser un obstáculo para alcanzar los objetivos de negocio.

Aunque parezca mentira Silvia sabe que tiene que empezar desde el principio, por los fundamentos. Tiene que explicar que la recompensa que se ofrece a un trabajador está formada por la compensación, los beneficios, los mecanismos de conciliación, las políticas de evaluación y reconocimiento del rendimiento y las oportunidades de desarrollo y carrera profesional. Que la compensación se refiere tanto a la parte fija como a la variable. Finalmente, debe explicar qué la compensación tiene resultar atractiva para la persona y ser coherente con la cultura y la estrategia de la empresa. Silvia coge una servilleta de papel y escribe cuatro mitos que pretende derribar:

- La gente solo trabaja por dinero.

- Disponer de una estructura retributiva no soluciona los problemas retributivos.

- Los sistemas de incentivos no impulsan la mejora del rendimiento.

- La retribución variable raramente se autofinancia.

1. La gente solo trabaja por dinero

Ante su segunda taza de café con leche, Silvia recuerda lo que le dijo hace tiempo uno de sus colegas y se da cuenta de que el modelo mental dominante podría definirse con esa frase: «la gente solo trabaja por dinero». Reconoce que muchos de los planteamientos que ha escuchado esta semana obedecen a dicha idea.

Para Silvia es evidente que se trata de una idea equivocada o mejor dicho una idea medio equivocada. En realidad, todos trabajamos por dinero pero no solo por dinero. El dinero es importante porque es necesario. Silvia recuerda aquella frase, un tanto cínica, atribuida a Woody Allen que decía algo así como «¿cuánto dinero hay que tener para decir que el dinero no es lo importante?». Sin embargo, a lo largo de su carrera profesional ha encontrado soportes conceptuales y empíricos y, sobre todo, su propia experiencia le ha demostrado que el dinero no es lo único importante.

En el plano conceptual Silvia considera que no estaría de más recordar algunas de las teorías de la motivación. En términos generales, estas establecen que nuestro comportamiento está basado en el deseo o en la necesidad de obtener o alcanzar algún objetivo. Los motivos o necesidades son el porqué del comportamiento. Si además percibimos que existe una relación directa entre nuestro esfuerzo y nuestro rendimiento y, a su vez, si esa misma relación existe entre el rendimiento y las recompensas asociadas se produce un círculo de refuerzo positivo.

Es decir, el detonante de nuestro comportamiento, en este caso trabajar, es una necesidad. Así pues conviene tratar de conocer cuáles son las necesidades más comunes de las personas.

Será necesario, por tanto, repasar la aproximación de Abraham Maslow. Según su teoría, el hombre es un animal con necesidades que dependen de lo que ya tenemos. Solamente las necesidades insatisfechas pueden influir en la conducta; en otras palabras, una necesidad satisfecha no nos induce a actuar. Las necesidades, según Maslow, se distribuyen en una jerarquía de importancia y una vez que se satisface una, otra surge y demanda ser satisfecha. Dicha jerarquía establece que si todas las necesidades de una persona están insatisfechas en cierto momento, las necesidades que ocupan los primeros lugares en la jerarquía deben satisfacerse antes de que se presente una necesidad de una categoría más elevada. Las cinco categorías de la jerarquía de las necesidades son:

- Necesidades fisiológicas: esta categoría está formada por las necesidades primarias del cuerpo humano, como el alimento, vestido, lugar de abrigo, etc. Las necesidades fisiológicas dominan cuando se hallan insatisfechas y, entonces, ninguna otra necesidad sirve como base para la motivación.

- Necesidades de seguridad: cuando las necesidades fisiológicas están suficientemente satisfechas, la siguiente categoría de necesidades adquiere importancia. Las necesidades de seguridad comprenden la protección contra el daño físico, las enfermedades, un desastre económico y los sucesos inesperados. En el ámbito laboral las necesidades de seguridad se hacen aparentes en los esfuerzos del empleado por garantizar su seguridad en el trabajo. Las empresas, a su vez, ofrecen otros beneficios encaminados a reforzar esta seguridad (seguros, pensiones, etc.).

- Necesidades sociales: estas necesidades se hallan ligadas a la naturaleza social de las personas y a su necesidad de compañía y de pertenencia a uno o varios grupos.

- Necesidades de estima: esta categoría comprende la necesidad de saber que uno es importante para los demás y que los demás lo estiman a uno. La satisfacción de estas necesidades produce la sensación de prestigio y de confianza en uno mismo.

- Necesidades de autorrealización: Maslow define estas necesidades como el «deseo de convertirse en todo lo que uno es capaz de llegar a ser». Esto significa que el individuo desarrollará al máximo su talento y capacidades potenciales. En otras palabras, ya se trate de un profesor universitario, un padre o un atleta, la necesidad consiste en ser eficaz en su papel determinado.

Silvia recuerda también el complemento de la teoría de Maslow, la denominada «teoría de los factores» de Herzberg, basada en un estudio sobre la satisfacción de las necesidades y los efectos registrados que esta tuvo en la motivación en 200 ingenieros y contables. Aun con sus limitaciones, derivadas de la muestra en la que basó sus conclusiones, su aportación radica en la clasificación de las cinco categorías en dos grupos. Al primero de ellos Herzberg lo llamó grupo de factores higiénicos o de mantenimiento. Se trata de condiciones del trabajo que actúan principalmente para causar insatisfacción en los empleados cuando no están presentes y que de estarlo no satisfacen/motivan en demasía. Es decir, son factores con un impacto más negativo que positivo, que tienen mayor potencia para causar insatisfacción cuando están ausentes. Herzberg identifica algunos de estos factores de mantenimiento: las políticas generales de administración de la compañía; el tipo de supervisión técnica ejercida; las relaciones interpersonales con el jefe/supervisor, con los compañeros de trabajo y con los subordinados; el sueldo; la seguridad en el trabajo; la vida personal; las condiciones de trabajo y el estatus.

Al segundo grupo lo llamó grupo de factores de motivación. Se trata de condiciones de trabajo que producen niveles altos de motivación y satisfacción, si bien si no están presentes, no causan gran insatisfacción. Herzberg describió seis de estos factores de motivación: logros, reconocimiento, progreso, el trabajo mismo, la posibilidad de crecimiento personal y la responsabilidad.

Silvia sabe que hay que tomar las teorías como una referencia, sin sacralizarlas, puesto que sus conclusiones pueden variar en función de las personas, las empresas, los puestos o los países. Asimismo, es consciente de que, en lo que referido al dinero, un buen sueldo, por ejemplo, puede satisfacer necesidades en las cinco categorías de Maslow, pues ejerce su impacto sobre diferentes necesidades. Sin embargo, ambas teorías le dan un soporte para defender que el dinero es importante pero no lo único importante. Le permiten presentar la definición de recompensa de WorldatWork, antigua Asociación Americana de Compensación, como el «retorno monetario y no monetario entregado a un empleado en reciprocidad a su tiempo, talento, esfuerzo y resultados» y, por tanto, poder convencer a sus colegas y colaboradores de que para tener empleados satisfechos y comprometidos que ayuden a conseguir los resultados empresariales hay que definir una estrategia de recompensa total que facilite su atracción, motivación y retención. Dicha estrategia será una combinación de la compensación monetaria, de los beneficios, de las políticas de conciliación entre la vida personal y profesional, de la forma en que se mide el desempeño y se da reconocimiento y de las posibilidades de desarrollo y las oportunidades de carrera que la empresa ofrezca.

En definitiva, le va a permitir derribar el primer mito: que las personas solo trabajan por dinero. Si la empresa quiere atraer, motivar y retener deberá establecer una propuesta de valor más completa que solo una cantidad económica. Aunque también es verdad que sería ingenuo no reconocer la importancia de la compensación a la hora de formular cualquier estrategia de recompensa total.

2. Disponer de una estructura retributiva no soluciona los problemas retributivos

Silvia recuerda cuando en su anterior empresa planteó la necesidad de definir una estructura salarial que sirviera para ordenar la retribución fija y facilitar la toma de decisiones relativas a los incrementos salariales. La respuesta fue más o menos que «era una pérdida de tiempo el esfuerzo de valorar los puestos, establecer rangos salariales y administrarlos, etc., para luego subir más o menos el IPC». Como complemento a la frase anterior la despacharon con un «además, bastante tenemos con negociar el convenio».

Silvia es consciente que muchos de sus colegas de profesión también han caído en un cierto desánimo al comprobar que los esfuerzos realizados para disponer de una estructura retributiva y de una política de retribución fija asociada no les había facilitado demasiado el proceso de toma de decisiones de incremento salarial.

Una de las razones de dicha situación es no haber sido capaces de explicar que una estructura retributiva es solo una herramienta y una política de retribución fija es una especie de manual de instrucciones sobre cómo aplicarla. Dicho de otro modo no son una panacea ni una solución automática que evita tener que tomar decisiones. Silvia puso en su momento como ejemplo el caso del montaje de muebles de una conocida empresa sueca. Sin las herramientas y sin el manual es casi imposible montar un mueble. Pero las herramientas y el manual no nos eximen de prestar atención, dedicar algo de tiempo y pensar un poco.

Otra de las razones de esta situación es que a muchas de las personas que ocupan posiciones directivas les cuesta ejercer la función directiva. Ser directivo significa hacer a través de otros. Por ello, todas las investigaciones y modelos señalan la importancia de fijar objetivos y expectativas y dar *feedback* como elementos centrales del buen directivo. Sin embargo, es demasiado frecuente escuchar en las organizaciones que ambos elementos fallan o son manifiestamente mejorables, en especial dar *feedback* y actuar en consecuencia.

En definitiva, nos cuesta diferenciar o, dicho de otro modo, ser equitativos. Cuando Silvia dijo esto en el comité de dirección varios de sus compañeros pusieron el grito en el cielo. Todos ellos eran equitativos. Su comportamiento evidenciaba niveles de equidad irrebatibles. Tuvo Silvia que recordarles que ser equitativo no es lo mismo que ser igualitario. Como dijo Justiniano, ser equitativo significa tratar de forma diferente a los que son diferentes, lo que en el ámbito laboral significa tratar de forma diferente las diferencias de contribución y/o de rendimiento. La revisión salarial es un buen momento para evidenciar lo equitativos que somos, por lo que les recordó la necesidad de contar con su participación responsable.

Dicho esto, Silvia también es consciente de los errores que se han cometido en el diseño de estructuras salariales: inmensos manuales de descripción de puestos con descripciones individuales de tres y cuatro hojas; complejos manuales de valoración, basados en factores y puntos, de difícil aplicación, que provocan reuniones eternas y discusiones bizantinas sobre si era más importante la responsabilidad o las relaciones con terceros de un puesto u otro; jerarquías de puestos discutibles; bandas salariales que no reflejan la realidad del mercado; o matrices de mérito desarrolladas por consultores que nadie entendía del todo bien. Es decir, enormes esfuerzos invertidos en proyectos que era difícil, o incluso imposible, mantener actualizados y que siempre dejan una sensación de que todo es demasiado subjetivo.

El primer paso que dio Silvia, y el primero que va a dar en su nueva empresa, es asegurarse de que todos sus colaboradores tienen un conocimiento mínimo y homogéneo de qué es y cómo se elabora una estructura salarial. Es decir, que se entienda que analizar un puesto, describirlo y aplicar un método de valoración no es un fin en sí mismo, sino un medio para conseguir una jerarquía de puestos, normalmente agrupada en diferentes niveles de responsabilidad. Es cierto que disponer de una descripción de puestos permite alimentar otros procesos de gestión de personas como selección, formación o promoción y carrera, pero se debe considerar siempre la relación coste-beneficio en su elaboración.

En esta primera parte es fundamental realizar una buena elección del método de valoración. Existen dos grandes grupos:

- Métodos no cuantitativos o métodos de evaluación global de puestos que contemplan los puestos en su conjunto, en términos de su importancia para la empresa. Existen dos opciones en este caso:

  - El método de *ranking,* que es la forma más simple de evaluar un puesto. El proceso implica una comparación global entre todos los puestos, resultando una lista de los mismos ordenados de mayor a menor valor relativo para la organización. El *ranking* solo proporciona una indicación del orden. No revela nada sobre el grado relativo de distancia entre los puestos.

  - El método de clasificación, que primero establece unos criterios básicos de lo que significa cada nivel de responsabilidad y luego, considerando el puesto en su globalidad, lo clasifica en el nivel apropiado.

- Métodos cuantitativos o métodos de evaluación de puestos por factores, que examinan la importancia de los puestos en función de factores remunerables:

  - El método basado en factores y puntos utiliza factores y grados determinados para establecer el valor del puesto. Cada grado de cada factor tiene una cantidad de puntos asignado. La puntuación total es la suma de todos los puntos de los grados aplicables para cada factor de valoración.

  - El enfoque basado en componentes del puesto desarrolla una jerarquía utilizando un análisis estadístico. Este análisis identifica los factores y los pesos de los factores que mejor explican los niveles salariales relativos del mercado para los puestos clave de referencia *(benchmark)*. Los puestos que no sean *benchmark* pueden evaluarse utilizando el modelo resultante del análisis estadístico. Este enfoque se usa muy raramente.

En general, los métodos cuantitativos han sido más utilizados que los métodos no cuantitativos, al menos en España. La razón es su aparente mayor rigor y también que han sido los recomendados por las grandes consultoras de compensación. Sin embargo, su complejidad y la dificultad de aplicación han hecho que cada vez más se consideren otras alternativas. De hecho también las propias empresas consultoras han revisado sus metodologías para hacerlas más amigables. Por otro lado, nadie discute que los profundos cambios que han ocurrido en las empresas han afectado de forma notable a la organización del trabajo y al propio concepto de puesto de trabajo como unidad de referencia organizativa, razón por la cual parece inevitable que los métodos de valoración también evolucionen.

En segundo lugar, Silvia va a explicar de forma cuidadosa y detallada a sus colegas del equipo directivo qué es una estructura salarial, cómo se construye a partir de los niveles de responsabilidad identificados y cuáles son los aspectos que hay que decidir para elaborar una política de retribución fija. Aunque pueda parecer un inversión de tiempo no rentable, Silvia sabe por experiencia que «el que no sabe es como el que no ve», y que, al fin y al cabo, los directivos y los mandos intermedios son actores muy importantes como gestores de personas y, como tales, deben participar activamente en los temas retributivos de sus equipos, por lo que cuanto más y mejor conozcan las herramientas y más y mejor entiendan las políticas todo será más fácil. Los temas a compartir son:

- Definir el mercado retributivo de referencia. Silvia sabe que es muy difícil definir el mercado de referencia, como también lo es obtener información de dicho mercado. Elegir el mercado de referencia es difícil por la cantidad de variables a considerar: el sector, el tamaño de la empresa, el área geográfica, la disponibilidad de profesionales, el coste de reposición o el nivel de competencia entre las empresas del sector. Por eso consensuar cuál va ser el mercado de referencia a los efectos retributivos e incluso poder identificar la lista de empresas que se van a considerar como mercado de referencia es un importante logro.

- Explicar en qué consiste y cómo se construye una banda salarial. Una banda salarial establece los niveles mínimo y máximo de retribución fija para un nivel de responsabilidad. Las bandas se construyen a partir de la información capturada del mercado de referencia y para su construcción deben tomarse dos decisiones clave: cómo se calcula el punto medio de la banda y cuál es la amplitud de la misma. En el primer caso, el punto medio suele representar el valor de mercado que vamos a tomar como referencia, que a su vez está afectado por la posición que queramos tener como organización. Es decir, una empresa puede decidir que el valor económico de su punto medio será el equivalente al valor del percentil 75 del mercado y otra podría decidir que fuera el equivalente a la mediana del mercado. Evidentemente, si el mercado de referencia es el mismo el valor de los puntos medios sería distinto. En relación a la amplitud de la banda, además de establecer cuál es el rango óptimo sabiendo que en Europa suele ser de un 30% a un 50%, hay que consensuar lo que significa el valor máximo y mínimo. El valor máximo significa la cantidad máxima a pagar para un puesto de trabajo incluido en un nivel de responsabilidad y el valor mínimo, la cantidad mínima. Parece obvio, pero hablar sobre lo que eso supone ayuda a evitar posteriores problemas, sobre todo a la hora de gestionar algunas situaciones excepcionales que muchas veces no lo son tanto: empleados pagados por encima del máximo o por debajo del mínimo de la banda asociada al nivel de responsabilidad de su puesto de trabajo o ajustes de mercado especiales. También sirve para entender cómo se mueve la retribución a lo largo de la banda.

- Reflexionar sobre las alternativas aplicables para los incrementos salariales. Silvia sabe que la cultura dominante toma de forma casi única el IPC como elemento de referencia. La teoría identifica hasta diez tipos diferentes de incrementos retributivos aunque en realidad solo unos pocos se aplican. Sin embargo reflexionar, aunque sea de forma general, sobre qué papel se le quiere otorgar al mérito (desempeño o rendimiento), a la antigüedad, a la mejora de conocimientos o de la productividad, o a los ajustes basados en la posición en banda o los cambios del mercado es un ejercicio de gran interés, que permite enfrentar a los directivos a escenarios que es perfectamente posible que ocurran. Será, a la vez, un ejercicio tremendamente útil para homogeneizar ideas y fijar la política. Otros aspectos sobre los que reflexionar son cómo se gestionan las promociones de nivel de responsabilidad o los movimientos laterales. La importancia de hablar de los incrementos salariales es mayor de lo que parece porque supone considerar conceptos como masa salarial total, tener en cuenta el impacto en la cuenta de resultados de las decisiones retributivas, o el impacto, habitualmente negativo en la satisfacción de los empleados, de hacer subidas generales o lineales.

- Decidir sobre el número de estructuras salariales a utilizar. La diversidad de puestos de una organización, la situación del mercado de referencia o la cultura organizativa son aspectos a considerar para abordar esta cuestión. Una empresa con varios negocios o actividades diversas puede tener, como el caso de un gestor aeroportuario, puestos de trabajo que han de ser ocupados por médicos, bomberos, ingenieros aeronáuticos, informáticos, abogados, administrativos y operarios de bajo nivel de cualificación, es decir, una diversidad suficiente como para plantearse varias estructuras salariales. Pero también una empresa de consultoría cuya práctica de implantación de ERP, sistemas de información que ayudan al desarrollo de los procesos de negocio, puede verse afectada por el éxito de una determinada aplicación, con su impacto en el mercado laboral y salarial, podría pensar en definir una estructura salarial específica para ese grupo de profesionales.

Se trata de reflexiones relevantes que requieren la participación del equipo directivo en su conjunto para intercambiar opiniones y fijar criterios. Pero además permite realizar un ejercicio de pedagogía en relación con los temas retributivos. La experiencia de Silvia le faculta para asegurar que hay un antes y un después de hacer una reflexión de este tipo. Es más fácil que el resto del equipo directivo entienda qué es una estructura retributiva y qué es una política de retribución, en este caso de retribución fija. Y será más fácil que, una vez alcanzado un consenso o establecidos unos criterios de actuación, el equipo de Silvia elabore la estructura retributiva y la política de retribución fija concreta para la empresa. Será entonces una política ajustada al negocio, a sus objetivos, a la cultura de la compañía y a la estrategia de recursos humanos. En la medida en que estos aspectos deberían ser únicos, también debería serlo la política definida. Se consigue así evitar que piensen que esos son «problemas de recursos humanos» y que critiquen su contenido alegremente, ya que habrán sido partícipes en reflexiones de trascendencia estratégica. Silvia podrá derribar el segundo mito. La estructura retributiva es la consecuencia de las decisiones tomadas en relación a los temas mencionados y, por tanto, los problemas retributivos asociados a la retribución fija serán la consecuencia de lo acertado o desacertado de las mismas.

3. Los sistemas de incentivos no impulsan la mejora del rendimiento de la empresa

Los sistemas de incentivos a corto y a largo plazo, habitualmente llamados bonus, siguen estando en el centro del huracán. Existe un consenso claro de que han tenido bastante influencia en la gestación de la crisis financiera. Hay diferencia de opiniones respecto a su importancia pero no respecto a que han tenido influencia. Tampoco nadie duda sobre el formidable poder inductor del comportamiento que tienen. Pueden motivar un mayor esfuerzo (efecto motivacional) y pueden informar sobre las prioridades y los valores de la organización (efecto informativo). El problema surge cuando no es posible vincular el esfuerzo y el rendimiento o existe una diferencia entre la información que se deduce de los incentivos y la que se señala en la declaración de misión o en los valores.

Silvia recuerda cuando al llegar a su anterior empresa se encontró con la queja de la mayoría de los empleados de las áreas de soporte en relación a sus incentivos. La empresa tenía una «dirección por objetivos», término habitual para decir que tenía un sistema de incentivos a corto plazo basado en el rendimiento individual. Sin embargo no solo una parte importante de la cantidad que cada uno de estos profesionales podía devengar dependía de objetivos globales de empresa, sino que además era difícil que, dada la naturaleza de aquellos, básicamente relacionados con los ingresos por ventas, existiera una relación clara entre el esfuerzo de los trabajadores de las áreas de soporte y el resultado obtenido. Es decir, la empresa disponía de un sistema de incentivos inútil, costoso y poco motivador.

Cualquiera puede entender que el proceso de fijación de objetivos es clave para obtener un comportamiento u otro. Es un lugar común señalar que los objetivos tienen que ser medibles, alcanzables, relevantes para la organización y para la persona, establecerse para un espacio temporal concreto y específicos (el acrónimo MARTE nos ayuda a recordar estas características). Pero no es un capricho. David C. McClelland y John W. Atkinson demostraron que la motivación estaba relacionada con la probabilidad de éxito según ilustra el cuadro 2.1.

Cuadro 2.1 Relación motivación y probabilidad de éxito

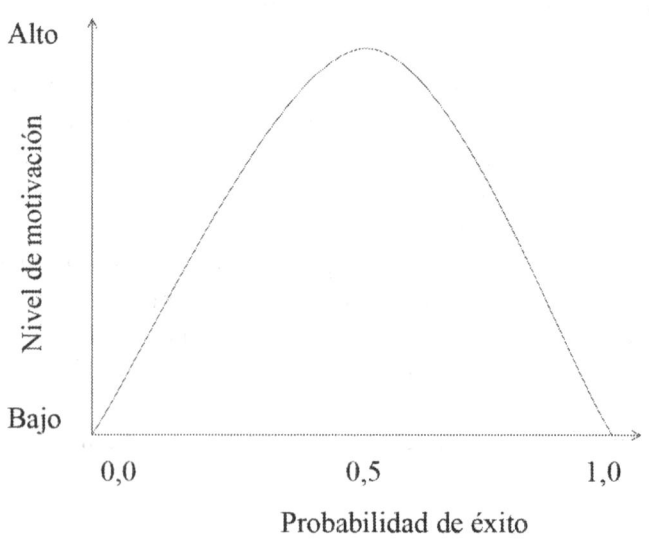

Fuente: Hersey, P. y Blanchard, K. H. (1993), *Management of Organizational Behavior,* New Jersey, Prentice-Hall.

Es decir, solo un objetivo cuya probabilidad de consecución se acerque al 50% tiene un impacto real en la motivación. O lo que es lo mismo, si considera muy fácil o muy difícil alcanzar el objetivo la persona no actuará. La probabilidad de éxito, según la teoría de las expectativas de Vromm, se establece según la experiencia pasada y según la disponibilidad, es decir, las limitaciones percibidas en el entorno y que afectan o pueden afectar a la consecución del objetivo deseado. Por tanto, el efecto motivador tiene mucho más que ver con la calidad del proceso de fijación de objetivos y con la calidad de los directivos y ejecutivos que los fijan que con las características técnicas del sistema de incentivos, es decir, del número de objetivos, de los umbrales de consecución, etc.

Respecto al efecto informativo conviene asegurar que el sistema de incentivos y otros sistemas de gestión y control establecen señales claras y correctas. Un ejemplo de información confusa se produjo cuando una empresa pensó que el número de visitas semanales era un elemento central para mejorar el rendimiento de su red comercial. Aunque su sistema de incentivos seguía primando la cifra de ventas cobradas, al establecer un control semanal de las visitas realizadas se encontró con que se cumplía este indicador pero las ventas no mejoraban. La razón era que los vendedores entendieron que la empresa priorizaba las visitas. Otro ejemplo: el departamento de preparación de pedidos de una empresa de cosmética y perfumería se mostraba preocupado por las fricciones que había entre sus empleados y las quejas por la forma en que se asignaban los pedidos para que fueran preparados por los operarios. Ello a pesar de los esfuerzos realizados con sesiones de construcción de equipos y mensajes para reforzar el espíritu de equipo. Obviamente, no era ajeno a esta situación el que el sistema de primas de este departamento estuviera asociado al número de errores en la preparación de pedidos, medido pedido a pedido y no de forma global para el departamento. Dado que las características y complejidad de los pedidos afectaba directamente a la consecución del objetivo, la forma de asignarlos era más importante que el espíritu de equipo.

El ejemplo de una empresa de recogida de basuras sirve para ilustrar un comportamiento incorrecto asociado a los incentivos. Cuando se diseñó un incentivo para mejorar la productividad se pensó en primar la realización de las rutas en menor tiempo del previsto. Sin embargo, se produjeron algunos accidentes provocados por el exceso de velocidad y con cierta frecuencia quedaban contenedores de basura sin recoger. Silvia se acordaba del caso de la empresa de transporte urbano cuyo incentivo basado en la puntualidad provocaba que, en caso de duda, los conductores se saltaran algunas paradas. Como dice un viejo aforismo que se usa entre los profesionales de la compensación «suele conseguirse aquello por lo que se paga».

Por todo ello, Silvia es plenamente consciente de que la retribución variable puede ayudar a lograr los objetivos de negocio. Ahora bien, para lograrlo es necesario que la organización haya definido los objetivos de negocio, se hayan dado a conocer, se puedan medir y se midan. Si es así, la retribución variable proporciona:

- Enfoque, porque ayuda a clarificar los logros importantes para la organización y establece medidas y objetivos.

- Alineamiento, porque ayuda a desplegar dichos logros en cascada hasta el individuo y puede propiciar una relación entre el éxito organizativo y el rendimiento individual.

- Motivación, porque anima el compromiso y funciona como *feedback*, permitiendo señalar a los empleados cómo marcar la diferencia y porque facilita y promueve la mejora continua y el cambio, utilizando la palanca del salario/recompensa.

- Refuerzo, porque reconoce los comportamientos/resultados deseados y proporciona refuerzo positivo.

Ahora bien, Silvia sabe que sus ideas y consideraciones deben ser compartidas por su equipo de colaboradores y sus compañeros directivos, y que han de quedar algunas cosas claras. En primer lugar, que no siempre los sistemas de incentivos deben basarse en el rendimiento individual. De hecho, los sistemas basados en la participación en beneficios o en compartir la mejora en otros indicadores pueden ser, en ocasiones, más eficaces para asegurar la mejora del rendimiento de la organización, aunque todos los sistemas tienen ventajas e inconvenientes.

En segundo lugar, que a la hora de diseñar un plan o sistema de incentivos hay muchos elementos a considerar, no solamente si se trata de incentivos a corto o a largo plazo o basados en el rendimiento individual o colectivo, sino que el diseño de un plan de retribución variable tiene mucho de arte. Es decir, que hay que tener un nivel técnico mínimo pero que a la hora de ajustarlo a la cultura y a las especificidades de la organización hay que considerar muchos otros aspectos. Así, el diseño de un plan de retribución variable incluye:

- Definir la elegibilidad, lo que supone definir el nivel al que se mide el rendimiento o quienes participan en el mismo. Por ejemplo, un plan de incentivos para toda la organización, para una unidad organizativa, para un equipo asociado a un proyecto, etc. Definir la elegibilidad supone también considerar lo que técnicamente se denomina la línea de influencia del participante. Es decir, considerar en qué medida los participantes pueden influir en los resultados. Finalmente, a la hora de considerar a quién incluir, también es importante considerar quién no estará incluido.

  La definición de la elegibilidad permitirá concluir si habrá uno o varios planes de incentivos. En este sentido, Silvia es consciente de que la tendencia actual derivada de la evolución de los negocios es que existan varios, pero que será algo por lo que tendrá que pelear.

- Seleccionar las medidas/métricas de rendimiento, una o varias, cuantificables o no, de apreciación objetiva o subjetiva, su frecuencia de medición y su ponderación son otro de los aspectos claves a determinar, para los que no hay recomendaciones de tipo general.

- Determinar los objetivos de rendimiento y los pagos: significa establecer el rendimiento objetivo que se quiere alcanzar y el nivel de pago asociado a su consecución. Parece algo obvio pero esta actividad supone realizar cálculos y elaborar propuestas de naturaleza financiera con un impacto evidente en la cuenta de resultados. Consiste en definir el nivel de rendimiento objetivo, relevante y alcanzable, los umbrales de consecución, la vinculación entre las medidas de rendimiento identificadas. Y lo mismo respecto a los valores económicos, cuáles son los pagos objetivo o *target,* los pagos para el umbral de consecución mínimo y máximo y la planificación temporal de los pagos. También en esto el análisis y las conclusiones serán distintas en cada caso.

- Dotar el plan de fondos: es el método por el cual se genera el dinero para hacer frente a los pagos. Sin tener en cuenta el mecanismo de dotación de fondos, el objetivo global de la retribución variable de generar más valor a la organización de lo que cuesta es imposible de medir. En este caso, la principal decisión tiene que ver con si se diseña un plan autofinanciado o presupuestado. Para Silvia ese es el cuarto mito a combatir.

De la misma forma que en el caso de la estructura salarial, Silvia sabe que para poder demostrar que un sistema de incentivos puede contribuir a la mejora del rendimiento empresarial debe dedicar tiempo a explicar los fundamentos técnicos y las diferentes alternativas a considerar a la hora de diseñar un sistema de incentivos. Su papel debe consistir en convencer de que algunas de las decisiones clave deben ser compartidas y que el éxito de un plan de incentivos no reside en sus características técnicas sino en su aplicación y en proponer alternativas y opciones técnicamente apropiadas a la estrategia de la empresa. No será una tarea fácil pero considera que está preparada para ello.

4. La retribución variable raramente se autofinancia

Silvia conoce que la mayoría de los directivos piensa que implantar un plan de incentivos supone incrementar la masa salarial. Y eso es verdad salvo que se diseñe un plan autofinanciado. Cuando le comentaron esta idea por primera vez necesitó alguna explicación adicional para entender de qué se trataba. Silvia es consciente de que ella tendrá que hacer lo mismo ahora.

Un plan puede autofinanciarse si el impacto en el rendimiento financiero de dicho plan permite generar fondos suficientes para pagarlo. En términos generales siempre puede decirse que cuando se diseña un plan de incentivos se piensa en que se autofinancie. La diferencia radica en que se pueden diseñar planes que realmente se autofinancien.

Veamos un ejemplo. Una red de clínicas médicas decidió implantar una iniciativa estratégica con el fin de ahorrar unos 200.000 euros mediante la estandarización de algunos productos de uso frecuente en sus tratamientos. Hasta el momento cada clínica compraba a diferentes proveedores, lo que dificultaba poder obtener mejores precios. Hacer realidad dicha iniciativa suponía una aceptación de la misma por parte de la dirección de compras, de la dirección médica, de los profesionales de las clínicas y del departamento de control de gestión y planificación. Ante esta circunstancia se decidió elaborar un plan de incentivos cuyo objetivo era obtener el ahorro mencionado. Los participantes en el plan fueron todos los profesionales de los departamentos involucrados, dado que solo si ellos modificaban su comportamiento podía conseguirse el objetivo, y se entendió que dicho cambio de comportamiento sería más fácil si la empresa estaba dispuesta a compartir parte del ahorro conseguido. El siguiente paso consistió en decidir a partir de qué cantidad de ahorro empezaba a generarse el incentivo que luego se repartiría entre los participantes en el plan. Tres eran las alternativas: cualquier cantidad a partir del primer euro; cualquier cantidad a partir de la consecución de un nivel de ahorro intermedio, por ejemplo 150.000 euros (en este caso la cantidad de incentivo a repartir sería todo el ahorro generado por encima de esa cifra); y la tercera, cualquier cantidad adicional al objetivo de 200.000 euros establecido. La decisión fue la intermedia. La cantidad finalmente ahorrada estuvo por encima de los 200.000 euros; la bolsa generada, superior a los 50.000 euros, se repartió, de acuerdo con un criterio predefinido, entre las aproximadamente quince personas involucradas. Como puede observarse, la empresa obtuvo un ahorro significativo y los profesionales una cantidad económica por conseguirlo.

Es fácil imaginar que existen muchas opciones de diseño de un plan de incentivos autofinanciado. No obstante, conviene tener en cuenta que será más fácil si las medidas del plan son financieras o, siendo medidas de tipo operativo, pueden convertirse fácilmente en un valor financiero. Por ejemplo, las mejoras en la productividad pueden a menudo convertirse en ahorros financieros basados en el valor de la producción aumentada o en la reducción del coste laboral por unidad producida. Por otro lado, se puede diseñar un plan mixto o combinado, es decir, que busque la autofinanciación de los objetivos financieros y presupueste las cantidades a pagar por la consecución de los objetivos no financieros.

Muchas empresas son reacias a implantar este tipo de planes porque consideran que discriminan a unos empleados respecto a otros. Sin embargo, así es la realidad de las organizaciones. De la misma manera que se acepta con naturalidad que los sistemas de incentivos de los comerciales sean distintos, no hay ninguna razón para que no haya iniciativas estratégicas cuya implantación dependa solo de algunos departamentos o personas. Si queremos motivar un comportamiento de estas tendente a la consecución de los objetivos asociados a dichas iniciativas, tendremos que diseñar un plan de incentivos para dichos profesionales, que serán las personas elegibles, dado que son los que tiene una línea de influencia más clara.

Con este y algunos otros ejemplos, y dedicando tiempo a revisar las iniciativas estratégicas de su empresa, Silvia cree que podrá demostrar que es posible diseñar un plan de incentivos que se autofinancie.

* * *

Silvia se levanta de la mesa convencida de que dispone de los argumentos para derribar los cuatro mitos que ha identificado. Una combinación de conceptos teóricos y de ejemplos prácticos que le ayudarán a definir una estrategia de recompensa apropiada a la realidad y a la estrategia de negocio de su nueva empresa. Y lo hará consiguiendo alinear, convencer y enseñar respecto de la misma tanto a sus colaboradores directos como a sus compañeros directivos. Mucho más tranquila va a disfrutar del fin de semana.

EN RESUMEN

- Recordar las teorías de Maslow y Herzbeg para defender que el dinero es importante pero al mismo tiempo no es lo más significativo. Empezar a hablar de recompensa, es decir, del retorno monetario y no monetario entregado a un empleado en reciprocidad a su tiempo, talento, esfuerzo y resultados. Acostumbrar a la organización a hacerlo también.

- Convencer al equipo directivo que para tener empleados satisfechos y comprometidos hay que definir una estrategia de recompensa total que combine cinco elementos: compensación fija y variable, beneficios, conciliación, desempeño y reconocimiento y desarrollo y oportunidades de carrera.

- Detallar una política de retribución fija que incluya una o varias estructuras retributivas construidas a partir de un mercado de referencia y bandas salariales consensuadas y una reflexión sobre la forma de tomar decisiones de revisión salarial.

- Reforzar la idea de que un sistema de retribución variable puede ayudar a lograr los objetivos de negocio, ya que proporciona enfoque, alineamiento, motivación y refuerzo.

- Considerar que no siempre los sistemas de incentivos deben basarse en el rendimiento individual. De hecho, los sistemas basados en la participación en beneficios o en compartir la mejora en otros indicadores pueden ser en ocasiones más eficaces para asegurar la mejora del rendimiento de la organización, aunque todos los sistemas tienen ventajas e inconvenientes.

- Desarrollar un plan de incentivos que no solamente decida si se trata de incentivos a corto o a largo plazo, o basados en el rendimiento individual o colectivo, sino también la elegibilidad, las medidas o métricas de rendimiento, una o varias, cuantificables o no, de apreciación objetiva o subjetiva, su frecuencia de medición y su ponderación; la relación entre objetivos de rendimiento y pagos y la dotación al plan de fondos.

- Finalmente, considerar la posibilidad de diseñar un plan de incentivos autofinanciado, porque es posible hacerlo.

3 | Para qué voy a cambiar si las cosas van bien
Carlos Espinosa

La llegada de Silvia a su nueva empresa había supuesto una pequeña revolución. Acostumbrados al anterior responsable del departamento, tanto dentro de Recursos Humanos como en el resto de áreas de la empresa se aguardaba con gran interés el tipo de ideas y medidas que iría adoptando durante los próximos meses.

La mayor inquietud provenía de su propio equipo. Había todo tipo de rumores sobre su gestión en su anterior empresa y esto provocaba bastante inquietud, y hasta ansiedad, en buena parte de sus miembros. Algunos rumores apuntaban a que era una mujer muy flexible y que le gustaba escuchar, pero había otra corriente de opinión que la definía como «peligrosa» y, como en la leyenda de Bécquer, amiga de esconder la daga detrás de la sonrisa.

Como en todo cambio de dirección de Recursos Humanos (salvo en el caso de relevo por jubilaciones en puestos con gran estabilidad a lo largo de los años), Silvia había sido contratada porque la dirección general esperaba que se introdujeran algunos cambios importantes.

Cambios, ¡menuda palabra!, quizá el vocablo de gestión empresarial con más referencias en los buscadores de Internet (pruébese con *change management,* por ejemplo, en su versión inglesa). Pues de eso se trataba, de aprovechar la llegada de Silvia para acometer importantes cambio en la empresa. La verdad es que existen todo tipo de definiciones y taxonomías de los cambios, todas útiles a efectos formativos, pero que pueden llegar a ocultar el verdadero significado del cambio en la empresa. Se habla muchas veces de «cambio radical» frente a «mejora incremental», de cambio en *hardware* (sistemas, procesos, estructura) frente a cambios en *software* o, más amablemente, *peopleware* (personas, valores, cultura); de cambios provocados por el entorno a cambios endógenos, etc. Todas estas definiciones son interesantes, dado que ayudan a proporcionar un marco de referencia sobre el cual construir un enfoque conceptual y, sobre todo, una aproximación realmente práctica al problema de negocio de que se trate.

Silvia, que ya tenía bastante experiencia en procesos de cambio en su anterior empresa, sabía que uno de los factores a los que más atención se debe prestar desde Recursos Humanos en cuestión de cambio no es ninguno de los presentados anteriormente, sino uno mucho más táctico y político: al origen del cambio. Seguir el rastro de su origen es como caminar junto a un río a contracorriente hasta llegar a su nacimiento o, más coloquialmente, «tirar del ovillo». Sin esta premisa cualquier actuación posterior estará gravemente comprometida y tendrá todas las probabilidades de fracasar.

A Silvia le llamaba la atención que algo tan aparentemente simple fuera, sin embargo, un elemento que pasaban por alto muchos gestores de personas e incluso directores generales, que se lanzaban a la nueva cruzada corporativa a galope y con la espada en alto sin saber por qué lo hacían, a quién servían y para qué acometían tan peligrosa empresa.

Guardaba ya varias experiencias sobre proyectos de cambio en su vida desde que empezó de becaria. Recordaba un proyecto de mejora de la productividad que generó enormes problemas con los sindicatos en su primer trabajo y que había provocado un significativo empeoramiento del clima laboral. En aquel momento se contrató a una empresa experta en absentismo con la idea de reducir tanto el número como la duración de las bajas de los trabajadores. Después de varios meses de mantenimiento de duras medidas (refuerzo de control de presencia, de los gestión de los servicios médicos, etc.) el programa se eliminó cuando el clamor de los trabajadores llegó a la dirección general. Al cabo del tiempo se descubrió que aquel director de Recursos Humanos era el accionista principal de la empresa de mejora de la productividad que se había contratado para dicho proyecto, lo que explicaba su interés en llevarlo hasta sus últimas consecuencias, y así fue: al poco tiempo fue despedido.

Y esa experiencia hizo que Silvia viera los cambios desde entonces con otros ojos. En adelante siempre se preguntaba: «¿y esto que me dicen que hay que cambiar a quién beneficia? ¿Hay alguien que gane algo con este cambio?», y estas elementales preguntas, repetidas sistemáticamente a lo largo de los años, le habían ayudado a modular y enfocar, con distancia emocional y táctica casi militar, los hercúleos proyectos de cambio radical en los que se había visto inmersa.

Recordaba también otro proyecto de cambio en profundidad, en este caso lanzado desde la dirección general de la empresa, y orientado a mejorar la atención al cliente. Resultó después que el consejo de administración estaba cuestionando seriamente al primer ejecutivo, dada la caída importante de ventas que se estaba produciendo, y pensó que un proyecto así, con una de las más importantes consultoras del mundo, sería tanto una excelente cortina de humo para ganar tiempo como, con un poco de suerte, su salvación frente a los consejeros.

Pero también había ido acumulando algunas experiencias positivas. Como la del presidente de la misma empresa del caso anterior, que de repente dio órdenes a su secretaria de que le hiciera todas las reservas de billetes de avión en clase turista (y se trataba de viajes frecuentes a la filial de Cuba, México o Brasil). Rápidamente, la secretaria del presidente (como él mismo esperaba) se ocupó de difundir la noticia al resto de secretarias del comité de dirección y estas, en ejercicio perfecto de comunicación en cascada, a gerentes y subdirectores, de modo que en una sola mañana toda la empresa sabía que don Francisco viajaría en adelante en clase turista en los vuelos transoceánicos. Aquel cambio radical, drástico, de un potencial transformador dramático para las sufridas rodillas y espalda de la crema de la crema de la empresa, fue contestado con una pregunta ansiosa, contundente y compartida por todos ellos que llegó como un tsunami imprevisto a la secretaria del presidente:

—¿Pero es que él quiere ir en turista o es obligatorio que viajemos todos en turista? —le preguntaron una por una todas las secretarias esa misma tarde, una vez que hubieran despachado tan estratégico y acuciante asunto con sus jefes.

—No cariño, no es obligatorio. Don Francisco me ha dicho expresamente que cada miembro del comité actúe como considere oportuno, que no quiere imponer esta medida a nadie.

Aquello fue un terrible varapalo. No había instrucciones. Ni era obligatorio ni, viniendo del presidente, era algo que uno pudiera dejar de lado y considerarlo voluntario. Era el peor escenario para quienes, como muchos de los directivos de aquella empresa, habían crecido y madurado como profesionales en un ambiente de liderazgo pseudomilitar, de instrucciones verticales que se obedecían y se imponían, pero que no se dejaban al criterio del individuo. «Esto no es aceptable», fue el comentario más extendido al final de la tarde.

Los posibles motivos de aquella decisión fueron analizados como el peor movimiento posible del principal competidor de la empresa en una cena informal (picoteo en un bar cercano) que convocó, vía secretarías, el director financiero (operado de dos hernias discales, entiéndase), con clara exclusión del director del gabinete, que era un pelota y seguro solo acudiría a elevar acta de lo allí tratado y después trasladarla al presidente a primera hora de la mañana en un par de hojas impolutas con subrayados, nombres entre paréntesis y palabras entre comillas en negrita. Tampoco invitaron al director de Recursos Humanos, que era de la cuerda del presidente y podía utilizar en su contra lo que allí trataran.

El director financiero dedicó el resto de la tarde a analizar el movimiento del presidente e informó, con unas notas en una servilleta y una croqueta en la otra mano, sobre las alternativas a considerar:

—Mirad, esto me huele muy mal. Lo de menos es ir en turista, que si hay que hacerlo se hace, aunque yo viaje al menos dos veces al mes a Latinoamérica y vosotros igual y no es plato de gusto; pero no es eso, esto me huele muy mal.

—Pero ¿por qué? ¿Qué pasa? ¿Por qué dices eso? —le preguntó casi aterrado el plácido director de sistemas, que estaba realmente conmovido por la mirada intrigante del director financiero.

—Nos compran, Girondilla, nos compran, eso es lo que pasa. Hace tiempo que hay varias multinacionales interesadas en comprarnos y esta es la señal. Y ahora este quiere que parezca que no ha roto un plato, que es moderno, que va en turista, para quedarse con los nuevos. ¡Menudo zorro! Pero no, a este le echan, ya verás, está en la calle, y está bien que ya vaya en turista para irse acostumbrando.

Por no entrar en detalles, el resto de la cena fue un cúmulo de hipótesis, entre novelescas y versallescas, sobre los oscuros motivos que habían llevado a que el presidente cometiera semejante osadía: ¡viajar en clase turista!

Todos aguardaron con impaciencia, más de dos semanas después, el comité de dirección mensual. Allí el presidente explicó a mitad de orden del día, y sin darle mayor importancia, la medida:

–Bueno, ya sabéis que estoy viajando en turista, de hecho acabo de venir de Sao Paulo con un bebé a mi lado, toda una experiencia –sonrió–. Bueno la cosa es que hay que extender el ERE un 10% porque las cosas no van bien, como sabéis. Le sugerí a Paco [director de Recursos Humanos] hacer algún gesto concreto a los trabajadores de que hay que apretarse el cinturón de verdad, que no es broma, y me pareció que esta medida podía hacer que se entendiera rápidamente. Por lo que me cuentan creo haber logrado captar la atención de todos. Me alegro. Por supuesto es voluntario; dependiendo de lo que ahorremos, eso sí, tendremos que renunciar o no a otros privilegios del equipo directivo.

Aquello fue mano de santo, y no por el tema de los viajes, que no dejaba de ser anecdótico. Por primera vez todo el equipo directivo vio en peligro realmente su puesto de trabajo, su estatus, su carrera, y los cambios, no anecdóticos, que el presidente planteó y cuya implantación lideró desde entonces fueron atendidos con un «sentido de urgencia» que habría complacido al propio John Kotter (autor de aquella expresión).

Silvia había vivido toda esta experiencia como persona de confianza del director de Recursos Humanos y tampoco la olvidó. Nunca olvidó el poder transformador de los gestos y la completa inutilidad de las palabras vacías. *Walk the talk*, dicen en Norteamérica, actuar según lo que uno dice, tan simple y tan extraordinariamente complicado de llevar a la práctica al obligarnos a alinear nuestro yo interior con lo que proyectamos profesionalmente.

No era el caso de Silvia. Ella disfrutaba *walking the talk,* haciendo lo que decía, mejor aún, solo haciendo y diciendo lo menos posible: «mejor que los demás opinen de lo que hago a que critiquen lo que digo», era una de sus frases talismán, que solía compartir con sus colaboradores y con los alumnos del máster en Dirección de Recursos Humanos donde impartía una asignatura precisamente sobre gestión del cambio desde hacía unos meses.

Y eso fue lo que hizo al llegar a la empresa. De hecho lo hizo antes de llegar. Durante el proceso de selección, y en el mes de descanso que pidió al *head hunter* antes de incorporarse, se reunió al menos tres veces con el consejero delegado para presentarle su plan de aterrizaje, basado en las necesidades, expectativas y prioridades que él mismo le había planteado durante el proceso de selección y en estas sesiones de trabajo posteriores.

El plan de llegada se iniciaba con una comida de presentación a su equipo. Invitó a su casa, un chalecito de clase media en las afueras de su ciudad, a una barbacoa a los que serían todos sus colaboradores directos. Ella sabía la importancia de las primeras impresiones. No es lo mismo ver a tu jefa por primera vez con un exclusivo vestido de diseño que verla en vaqueros y con una camiseta con unas pinzas de barbacoa en la mano y con una niña de 3 años correteando en triciclo por todas partes; realmente el impacto era muy distinto.

En esa comida, en la que se habló de todo un poco (política, el tiempo, los niños, etc.), Silvia explicó los puntos siguientes de su plan, las prioridades que le había transmitido el consejero delegado y que –esto fue lo más asombroso– no la verían en la sede corporativa hasta dentro de un mes.

–Veréis, no me atrevería a tomar ninguna decisión en la empresa sin conocer mínimamente el negocio y a sus personas. Voy a pasar el próximo mes viajando por toda España para conocer todos los centros productivos con el máximo detalle posible. Quiero entender bien el negocio, de dónde vienen los euros, cómo construimos nuestros productos y servicios a los clientes, cómo son las sedes, qué piensan los trabajadores en cada zona, de qué color son las paredes de las oficinas… en fin, entender un poquito a esta empresa tan importante a la que tengo la suerte de incorporarme con todos vosotros. Va a ser un poco duro tanto viaje –y al tiempo acarició el cabello de su hija– pero espero que sea útil. Mientras tanto solo os pido que todo siga con normalidad, que cada uno sigáis actuando sin consultarme: seguro que lo haréis genial –dijo Silvia, y al momento agarró de nuevo sus pinzas para dar la vuelta a las chuletas sobre la plancha.

Y así fue. Silvia pasó el mes siguiente recorriendo toda España. Armada con su cuaderno y un bolígrafo con varios colores, preguntó todo lo posible sobre el funcionamiento de la compañía, sobre lo que se esperaba de ella, sobre las cosas que funcionaban bien, mal y, sobre todo, muy mal. A su llegada finalmente a la sede corporativa, y después de haber mantenido un par de largas reuniones discretamente con el consejero delegado, tenía una impresión general que, junto a la información que el propio primer ejecutivo ya le había dado, le permitía empezar en su nuevo trabajo con cierta orientación sobre el modo de actuar.

Silvia sabía que los cambios debían además iniciarse en el propio departamento. Aunque estaba acostumbrada a oír quejas de Recursos Humanos en otras empresas, en su viaje lo cierto es que el nivel de insatisfacción con esta área parecía ser muy elevada. Le sorprendió que le dijeran, casi en todas las visitas, que era la primera persona que se desplazaba a verles en bastante tiempo, y que de Recursos Humanos lo único que recibían era cursos y notificaciones en el portal del empleado (sobre retribución, prevención de riesgos laborales y organización de las vacaciones).

Cuando entró en la planta 4ª del edificio, la organización del espacio que vio se ajustó bastante bien al modo en que su nuevo equipo se proyectaba sobre el resto de la empresa. Ella tenía un despacho de un tamaño generoso, pero todo su equipo de primer nivel también tenía un despacho, más pequeño y con paneles de cristal, pero despachos. Fuera había una pradera de mesas con un silencio sepulcral, que no supo en un primer momento si era cosa de darle la bienvenida con la imagen de clase de niños obedientes o es que realmente nadie levantaba la mirada del ordenador nunca, cosa que le preocupó de ser así. Recordando a su anterior presidente, Silvia se instaló en una mesa vacía que vio junto a una mesa en cruz de cuatro becarios y dejó allí su cuaderno y su teléfono móvil. Habló con su secretaria y le dijo que quería convertir el despacho en sala de reuniones y formación, porque ya le habían dicho que no había ninguna y siempre alquilaban en un hotel cercano y, viendo las dimensiones del despacho, le parecía un lugar excelente para este fin. Sacó de su bolso la foto de su niña y, rodeada totalmente de su equipo, que rápidamente se dio cuenta de su presencia, comenzó definitivamente su nueva aventura profesional en el mundo de los Recursos Humanos.

El tiempo iba pasando, y las cosas, al menos dentro del área, iban cada vez a mejor. El silencio se había sustituido por un sonido de voces colaborando en la planta: corrillos de pie o personas sentadas en la mesa de algún compañero debatiendo asuntos laborales (y no laborales). Todos además habían aceptado, tal que una Dian Fossey en el ecosistema corporativo, que Silvia estuviera sentada como una más con su equipo, y hablaban con normalidad sobre sus asuntos con ella de forma que, a los pocos meses, y de manera realmente voluntaria, sus colaboradores directos hablaron con servicios generales para que les quitaran los paneles de cristal, dado que se sentían incómodos (como fumadores en las pequeñas peceras de los aeropuertos) al estar en cierta forma aislados dentro de sus despachos de la nueva manera de trabajar cotidianamente en el área. De hecho, pasaban realmente la mayor parte del tiempo ya fuera de ellos entre paseos por el edificio y los nuevos viajes (y videoconferencias) que Silvia había planificado con ellos por todo el país de forma periódica.

Primera etapa superada. No había sido muy difícil, pensaba Silvia, el equipo era joven y bastante propenso a aceptar cambios; la adaptación había sido realmente sencilla, incluso más de lo que ella calculó inicialmente. Pero ahora empezaba la segunda parte de su plan de trabajo: poner en marcha los cambios que aguardaba el director general. Por decirlo en una sola frase, lo que ocurría en la empresa es que se había producido un fuerte empeoramiento en todo lo que tenía que ver con la orientación al cliente:

- Innovación de productos y servicios: la competencia estaba cada vez más cerca e incluso en algunos casos se había superado claramente la tecnología y diseño de algunos productos.

- Servicio: las encuestas de calidad y los compradores misteriosos mostraban un gradual pero continuo empeoramiento de la percepción que los clientes tenían de la compañía.

- Ventas: ligado a lo anterior, se había perdido el liderazgo en cuanto a cuota de mercado en algunos segmentos, aunque se mantenía en otros.

- Gestión interna: la empresa, como un espejo del cliente interno, se había vuelto fuertemente burocrática y lenta en la toma de decisiones. Este era el diagnóstico que ya le había hecho el consejero delegado en las entrevistas de selección y que ella misma había ido percibiendo según iba pasando más tiempo desde su incorporación. Lo peor de todo es que, por primera vez en su carrera, no tenía muy claro desde dónde afrontar el cambio.

Recordó entonces que por alguna parte en el ordenador tenía una matriz que le había enseñado un consultor tiempo atrás, y que le gustó mucho.

Cuadro 3.1 Enfoques para afrontar un cambio

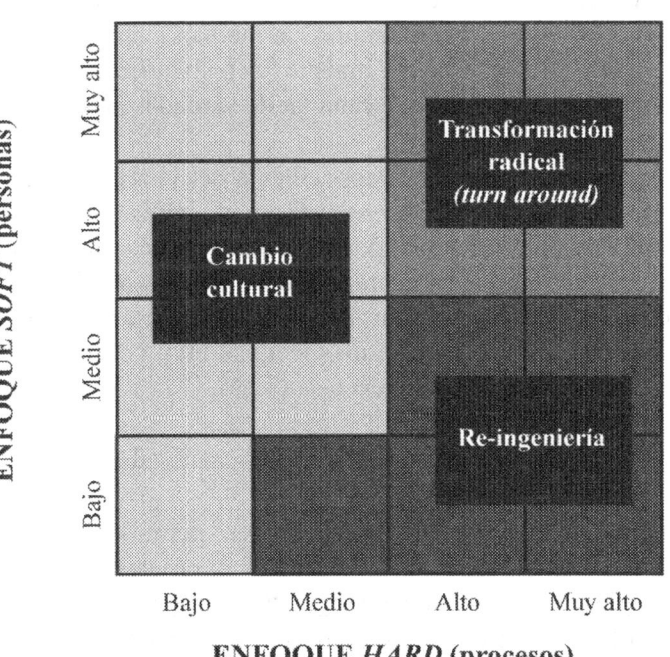

Fuente: elaboración propia.

Esta matriz combinaba los dos posibles enfoques desde los cuales afrontar un cambio: el eje de las personas o el de los procesos, y lo que esto suponía en términos de herramientas, desde la transformación total hasta un más suave cambio cultural, pasando por la tan utilizada en los años noventa reingeniería de procesos (a raíz de la famosísima obra de Hammer y Champy).

Silvia imprimió la matriz y llamó a Daniela, la gerente de organización, una joven ingeniera industrial con poca experiencia aún pero con una potencialidad y capacidad de aprendizaje extraordinaria. Después de enseñarle la hoja de papel le preguntó qué le sugería:

—Es muy interesante la matriz, la verdad es que yo creo que aquí lo que hace falta es un cambio radical. Cuando acabé en la escuela me ofrecieron varios trabajos y vine aquí de becaria mientras hacia el proyecto porque era la empresa líder en nuestro sector. Mis amigas me envidiaban por haber sido admitida y yo pasé un par de años como en una nube. Curiosamente el último año, a poco que he contado en una cena alguna cosa a la familia, ya me han dicho más de una vez que por qué no me busco otro trabajo, y yo no quiero, estoy bien aquí, pero, sí, las cosas tienen que cambiar de verdad o esto irá a peor.

Silvia le contó a Daniela el famoso dilema del innovador del profesor de Harvard Clayton M. Christensen, según el cual las empresas de más éxito terminan desapareciendo por el mismo producto que las llevó a la cumbre, es decir, porque su liderazgo en el mercado paraliza su proceso innovador (miedo al cambio) hasta que la competencia termina finalmente superándolas. Silvia puso varios ejemplos muy conocidos en varios sectores de este proceso y Daniela le contestó:

—Efectivamente Silvia, eso es lo que pasa aquí, tal cual.

La conversación no dio mucho más de sí, pero permitió a Silvia contrastar la intuición que tenía de que haría falta un programa de cambios de cierto calado si se pretendía que la orientación al cliente mejorase. Además el consejero delegado estaba más que convencido de ello pero, ¿y los directores generales de los negocios? ¿Eran también conscientes de que estaban en esa situación? Pensó en llamar a Javier, el responsable de la unidad más grande, pero era un hombre ya de mucha experiencia y cualquier llamada, por muy sutil que fuera, despertaría en él ciertos recelos. Apostó entonces por la estrategia de la barbacoa.

–Javier, ¿qué tal? Oye, me han dicho que eres un maestro del pádel y yo, la verdad, estoy aprendiendo pero me gustaría jugar contigo si quieres un día de estos –le dijo aprovechando una coincidencia nada casual en la cafetería de la oficina.

–Cuando quieras Silvia, ya sabes que hay pista aquí al lado. Reservo y te llamo –le contestó Javier, no sin cierta sorpresa.

Silvia había intentado mantener una buena relación con Javier desde el principio, pero era un hombre bastante reservado y hasta desconfiado, y la cosa no era fácil, al menos si se quería avanzar sin generar recelos o rechazo en él. De hecho en aquella primera partida procuró no hablar nada de trabajo, ni en la segunda tampoco. En la tercera (empezaba a ser una pequeña rutina el que se vieran los miércoles de ocho a nueve de la mañana para jugar; habían descubierto que a ambos les gustaba mucho madrugar) fue Javier el que buscó la conversación de trabajo:

–Y bueno, ¿qué? ¿Cómo lo ves? –le dijo.

–Pues que me vas a machacar, como siempre –le contestó con una carcajada Silvia, asombrada de la capacidad física de aquel hombre que superaba ya los 60 años.

–No mujer, la empresa, ¿cómo ves las cosas? ¿No te arrepientes de haberte cambiado?

Silvia sabía que su contestación era realmente importante. Pasaron por su cabeza en segundos diferentes opciones, todas complejas y tácticas, pero, bajando suavemente la raqueta de la tensión inicial, le dijo con toda franqueza:

–No, Javier, no me arrepiento, de verdad, aunque siendo muy sincera lo cierto es que ando preocupada. No sé bien cómo ayudar a mejorar las cosas, ¡vaya fichaje que habéis hecho conmigo, ¿eh?! –le contestó con una sonrisa cargada de complicidad.

–Pues sí, Silvia, las cosas están muy complicadas. Yo también ando así. Llevo un año con pastillas para dormir porque veo que se nos va de las manos. Cuando entré en esta empresa hace casi 30 años no éramos más que la típica pequeña filial de una multinacional americana y en poco más de diez años crecimos muchísimo, nos hicimos los líderes; pero ahora…

–¿Qué ha pasado entonces? ¿Dónde está el problema?

–No hay un problema, Silvia, hay muchos problemas. Es como cuando ves en las noticias que ha habido un accidente aéreo. Rara vez es una sola causa. Tienen que producirse muchas cosas a la vez para que un avión se caiga. Aquí pasa igual.

–Te entiendo, sé que no es fácil, pero estoy segura que has pensado en esas causas, como no duermes… –le dijo buscando de nuevo la sonrisa de su interlocutor, que logró fácilmente.

–Pues llevas toda la razón, le he dado muchas vueltas y tengo algunas ideas, ha habido varias cosas importantes. La venta de la empresa al capital riesgo hace seis años fue un giro radical en todo (inversiones, cultura, enfoque de mercado) y creo que aún no lo hemos asimilado. Luego está la jubilación del anterior consejero delegado hace año y medio, que también fue delicada. Y no es que a Gustavo no le hayamos aceptado: es un tío con una cabeza privilegiada, pero don Jaime fundó esta empresa, fue el primer trabajador que se contrató en España desde Estados Unidos hace 35, y era más que un jefe, era como nuestro padre. Por otro lado está todo el tema de producto, que va mal, muy mal: os estamos equivocando una y otra vez; no hay forma de acertar; la competencia no está haciendo mucho daño. Y bueno, no te quiero aburrir, pero vamos, se me ocurren muchas cosas. Sobre todo que veo a la gente dormida, como si todo esto no fuera con ellos; es increíble, deben pensar, como decía don Jaime, que la nómina se la paga el Ministerio de Hacienda… y como sigamos así van a despertar de su sueño bruscamente, ¡qué pena!

Javier se quedó un momento pensado, pero rápidamente recuperó su raqueta y pidió a Silvia que prosiguiera la partida. No volvieron a hablar de trabajo en varias semanas.

Silvia intentó aquellos días procesar todo lo que le había dicho Javier, incluso sufrió como él más de una noche sin dormir, porque no era capaz de ver cómo desde Recursos Humanos podría hacer frente a tantos cambios ella misma. Estaba empezando a sentirsc como Atlante, condenada a cargar sobre sus hombros todos los problemas graves que afrontaba su compañía, y aquel peso le superaba. Hasta su madre detecto que algo no iba bien y le preguntó qué le pasaba. Silvia le explicó con detalle la causa de sus preocupaciones, y su madre le dijo una sola frase de esas de una sencilla complejidad:

–Hija, que tú no estás sola en la empresa. Hay mucha gente, que eso que me dices es cosa de todos, no tuya.

Su madre llevaba razón, pensó Silvia. El problema que tenía no era cosa solo de ella, era la responsabilidad de todos el hacer que las cosas mejoraran. Buscó en su estantería uno de sus libros de cabecera, el famoso *Leading Change* de John P. Kotter, donde recordaba haber leído una metodología en ocho fases para afrontar la gestión del cambio:

1) Establecer un sentido de urgencia.

2) Crear la coalición que guíe el proceso.

3) Desarrollar una visión y una estrategia.

4) Comunicar el cambio en la visión.

5) Potenciar a los empleados para generar una amplia acción de cambio.

6) Generar beneficios a corto plazo.

7) Consolidar las ganancias y producir más cambio.

8) Anclar nuevos enfoques en la cultura corporativa.

A Silvia le pareció que este modelo, como tantos otros, le podía servir para ordenar ideas a la hora de abordar la cita que le había solicitado al consejero delegado para discutir la situación actual. Recuperó además su matriz favorita, dado que, siendo estas fases útiles para secuenciar las actuaciones, no decían mucho sobre el contenido del cambio, que pensó quedaba mejor recogido en el modelo que relacionaba personas y procesos (modelo que, a su vez, tenía mucho que ver con la famosa matriz gerencial –*managerial grid*– de Blake y Mouton).

Con el cuaderno lleno de esquemas y garabatos y recién duchada tras su partida de los miércoles con Javier, Silvia entró en el despacho del consejero delegado. Estuvieron mucho tiempo debatiendo abiertamente sobre la situación. Ambos compartían el diagnóstico, pero no tenían claro, y en eso también había coincidencia, el modo de afrontar los cambios. Silvia le enseñó la matriz a Gustavo, y este, después de analizarla unos segundos, le dijo:

–Verás Silvia, yo creo que habrá que hacer un poco de todo: tocar algunos procesos que no se han cambiado durante años, por supuesto un cambio cultural importante como hemos hablado y en algunos casos hacer otros cambios bastante más profundos; o sea, creo que hay que trabajar en todos los cuadrantes a la vez.

–Pero hacerlo todo a la vez puede ser demasiado, ¿no? Es como los malabaristas que tienen varios platos dando vueltas al mismo tiempo: parece que se van a caer, me pone muy nerviosa verlo cuando voy con la niña al circo. ¿No te preocupa que sea excesivo?

–Llevas razón, quizá sea demasiado, pero siempre se puede secuenciar, como el modelo que me has explicado. Lo importante es lo primero, eso que has dicho de sentido de urgencia: eso lo es todo.

Silvia le explicó a Gustavo la anécdota de los vuelos en clase turista de su anterior presidente, y el consejero delegado la escuchó con toda atención.

–¿Y aquí cuáles serían los viajes en clase turista? –le preguntó a Silvia.

–Aquí me temo que es el comité de dirección. No he tenido la fortuna de conocer a don Jaime más que en el homenaje que le dieron hace unas semanas, pero se ve que aún la gente le tiene verdadera veneración, en todos los niveles, incluido en el comité de dirección. Es como si nosotros fuéramos unos herederos más o menos advenedizos de alguien que ha logrado una proeza extraordinaria y lo peor de todo es que me da la sensación que todo el mundo asocia su jubilación y el empeoramiento de la situación; o sea, que piensa que somos nosotros, y no ellos mismos, los culpables de que las cosas vayan de mal en peor.

–Pero eso no tiene sentido, aunque estoy de acuerdo contigo en parte. Fue precisamente Jaime el que quiso dejar la empresa porque estaba convencidísimo de que hacía falta un cambio, empezando por él mismo. Fue él quien propuso a los ingleses mi nombramiento y diseñó todo el plan de transición –explicó el consejero delegado.

–Sí, pero la gente no sabe eso, o no quiere saberlo; quizá haya que decírselo –pensó en voz alta Silvia.

–Yo no podría hacerlo, no con Jaime, no podría hablar de él como acabo de hacerlo contigo. Él hizo de esta empresa lo que es, aunque estos últimos años las cosas no hayan ido bien.

–No, no eres tú quien debe decirlo. Es él –dijo Silvia con misteriosa rotundidad.

Había tenido una visión. Nadie podía cambiar el mito de don Jaime salvo él mismo. Se podían adoptar otras medidas (de hecho, en el comité de dirección ya se estaba preparando el típico paquete de reducción de costes de estructura e incluso se empezaba a hablar de un posible ERE), pero estas actuaciones no eran de transformación sino de respuesta reactiva a un entorno y a una coyuntura interna a la que no se estaba siendo capaz de hacer frente.

El consejero delegado preparó una comida con don Jaime y Silvia esa misma semana. Ella estaba bastante nerviosa, apenas había intercambiado diez minutos de conversación con él en aquel homenaje, y hablar con aquel señor tan venerado en la compañía le daba muchísimo respeto.

–No me llames don Jaime, Silvia, que no soy tan viejo; tutéame, por favor –fue lo primero que le dijo el anterior presidente-director general, consciente del nerviosismo de la joven que compartía mesa en el restaurante con él.

A partir de ahí la conversación fue fluida e intensa hasta pasadas las seis de la tarde, con el restaurante ya preparándose para la cena y la mesa poblada de recurrentes tazas de café y tejas de almendra.

Silvia rápidamente entendió porque aquel hombre era tan admirado en la empresa: tenía todas las cualidades de un líder, era inteligente, atractivo, audaz, cercano, y, sobre todo, transmitía una energía extraordinaria. Su presencia era abrumadora, pero también entrañable, como si le conociera desde hacía muchos años.

–Comparto todo lo que me decís, de hecho ese mismo análisis me llevó a Londres a decirle a los accionistas que me iba, que hacía falta sangre nueva en la empresa, y no me arrepiento. Lo que no sabía es que la cosa no hubiera mejorado; pensé que contigo, Gustavo, ya habría remontado la situación, y te lo digo sin tono de crítica, lo que pasa es que ya sabes que estoy muy alejado de la gestión, mi principal ámbito de decisión ahora es entre los hierros nueve y siete –dijo sonriendo, para quitar hierro (valga la redundancia) a la evidente insatisfacción que le causaba escuchar cómo las cosas en su querida empresa iban a peor desde su salida.

Silvia pensó que era su turno de hablar.

–Verás Jaime, para serte también muy sincera, lo que ocurre es que todo el mundo está convencido de que todo iba perfecto hasta que te fuiste, que los problemas empezaron con la llegada de Gustavo y que antes no había nada que cambiar. De hecho, y perdona Gustavo, se oye eso de que todo es culpa del consejero delegado; es normal, es el que manda y es mejor buscar un chivo expiatorio en la 7ª planta que mirarse al espejo.

–Bueno, de momento Gustavo será la causa del problema pero ha acertado por lo que veo al 100% con la directora de Recursos Humanos –dijo a voces mientras daba una sonora palmada en la espalda del maltrecho consejero delegado, que sintió súbitamente cómo recuperaba el aliento tras el gesto cariñoso de su predecesor.

–Y, entonces, Silvia, ¿qué sugieres? –dijo don Jaime.

–¿Perdón? ¿Qué quiere decir? –contestó Silvia con la prudencia y la mirada inocente de su hija después de haber pintado las paredes de su habitación con un rotulador.

–Que no le has pedido a Gustavo que monte esta comida solo para decirme que todo va mal, ¿qué propones? –concluyó don Jaime.

Esta pregunta se formulaba ya en el tono profesional de un alto ejecutivo. Don Jaime aguardaba, como si aún fuera el consejero delegado, un bloque de medidas concretas para revertir la situación y esperaba atentamente que Silvia sacase de su cartera algún documento que detallara sus planes de actuación.

–Queremos organizar una reunión de tres días con el top 50 para diseñar con ellos un programa de cambios. He participado en otras ocasiones en este tipo de sesiones y, aunque nunca generan resultados milagrosos, son un punto de arranque importante, simbólico. También vamos a crear un grupo amplio de trabajo para movilizar la organización e implantar los cambios que sean precisos –dijo Silvia.

–Todo eso me parece muy bien, pero no has contestado a mi pregunta. ¿Qué quieres de mí? –preguntó de nuevo don Jaime, esta vez aún con mayor firmeza, algo que hizo tragar saliva a Silvia y obligarle a beber agua antes de continuar.

–Gustavo y yo queremos pedirte que abras tú la reunión, que hables al top 50.

–Entendido, lo haré –contestó austeramente el experto ejecutivo mientras agarraba una teja y pedía la cuenta al camarero.

Antes de la reunión, que se celebró en un conocido hotel de Segovia, la noticia de la reincorporación de don Jaime se había convertido en una auténtica psicosis colectiva de esperanza y renovado optimismo sobre el futuro de la empresa. Incluso Silvia y el consejero delegado llegaron a dudar de la bondad de su plan al ver que se estaba produciendo exactamente el efecto contrario: más que sentido de urgencia se estaba produciendo sentido de complacencia en el equipo directivo y en el resto de niveles de la empresa según se extendía la noticia de la reincorporación de don Jaime y el próximo despido (se decía) del inexperto don Gustavo, que tantos problemas había traído a la compañía.

Finalmente llegó el gran día. El salón de actos del hotel estaba repleto de directivos en ropa informal y desde los ventanales se observaba la majestuosa torre de la catedral de Segovia en una hermosa mañana soleada de invierno castellano. Don Jaime llegó rápidamente con una carpeta por el lateral, intentando detenerse lo menos posible a saludar. De repente en la sala se produjo un silencio total y aquel evento corporativo pareció transformarse en un acto litúrgico de un oficiante en traje y con corbata (era el único así vestido) que sin ayuda se puso un micrófono de pestaña, dio un par de toques suaves al mismo para comprobar que funcionaba y se dispuso a hablar con toda tranquilidad mientras cerraba los botones de su chaqueta cruzada.

–Me alegro mucho de veros a todos. Hace más de 30 años fundamos la empresa aquí mismo, en Segovia. Me traje a los americanos a este lugar a tener la primera reunión de lanzamiento. Nunca se me olvidará sus caras al ver en Cándido cortar y servir el cochinillo… qué recuerdos… –don Jaime hizo una pausa mientras el auditorio escuchaba con el silencio de una sala de conciertos–. Ya soy un viejo, y es normal que lleve mi maleta llena de recuerdos y nostalgias, pero ¿y vosotros? ¿También sois nostálgicos? ¿Echáis algo de menos? Supongo que sí. Yo eché muchas cosas de menos los últimos cinco años que pasé en la empresa, los más horribles de toda mi carrera profesional. Cinco años en que todo pareció que se nos iba de las manos. ¿Os acordáis? Seguro, bueno, casi todos, porque en esa época no estaba vuestro actual consejero delegado, pero seguro que algo intuye y ha sufrido en carne propia de esa herencia final tan tóxica que le dejé con mi salida.

Gustavo no levantó la mirada más que un instante. En el auditorio se aprovechó para hacer algún carraspeo como los habituales entre movimientos de una obra musical.

–Sí, habéis oído bien. Herencia tóxica –continuó don Jaime–. No es cosa de un año, ni se hace con mala fe; eso es lo peor, lo más peligroso, que se hace sin saber y sin querer. A lo largo de los años fuimos perdiendo tensión, enfoque, quizá ilusión, en un proceso lento, invisible, con una carcoma que invadió las vigas de madera sobre las que se asentaba esta empresa, pero con efecto de constante deterioro. Y llegó un día en que la cubierta empezó a fallar, y ese día decidí irme. Hace unos siete u ocho años las ventas empezaron a estancarse, ¿recordáis? Y llegaron esos dos competidores a España que todos tenemos en la cabeza y que hasta hoy siguen quitándonos cuota de mercado. Entonces todo empezó a ir mal, pero no reaccionamos. Yo hice lo posible, el comité lo sabe, pero fracasé, sí, así de claro, fracasé, fracasamos todos. Y al fracasar no me quedó otra opción que renunciar, que irme. ¿Y, vosotros, por qué no habéis renunciado vosotros? –aquellas palabras fueron un auténtico golpe para los directivos. Los carraspeos dieron paso a murmullos, hasta el punto de que el consejero delegado tuvo que pedir silencio para que don Jaime pudiera continuar–. Sí, habéis oído bien. Renunciar. Porque cuando alguien es incapaz de actuar, de hacer frente a una situación tan mala, lo mejor que puede hacer es irse, como hice yo. ¿Sabéis una cosa? Si no me hubiera ido calculo que en menos de un año los ingleses me habrían despedido. Sí, me habrían puesto en la calle. Me habría jubilado elegantemente, pero me habrían despedido, y con razón. ¿Queréis esperar a que os despidan a todos? O peor aún para vuestros bolsillos, ¿queréis esperar a que cierren la filial de España sin más?

Don Jaime esperó unos segundos antes de continuar mientras se paseaba entre las filas de sillas mirando a los ojos a sus antiguos colaboradores.

–Si es así me daría mucha tristeza. A casi todos los que estáis aquí os contraté yo personalmente, a algunos hace más de 30 años –miraba a Javier–. No me creo que se os haya olvidado gestionar, no me creo que os dé todo igual. No. Solo es cosa de carcoma, del tiempo, del éxito, que es la peor de las enfermedades de una empresa. Pero eso se acabó hace tiempo. Ya no hay éxito, solo una empresa al borde del abismo. Y no es cosa de culpar a Gustavo, o cargarle a él con la responsabilidad de cambiarlo todo. No: es cosa de vosotros, de cada uno de vosotros, de todos a la vez. Si queréis salvar esta empresa tenéis que recordar la energía y la ilusión con la que la construimos y olvidar todo lo demás. Todo. Olvidadlo. Tenéis que empezar desde cero, con modestia, con mucho, mucho trabajo, más que nunca en vuestra vida, y como un equipo, como una piña. Si hacéis eso y confiáis en Gustavo la empresa se salvará. Si no lo vais a hacer mejor levantaos ahora con dignidad y negociad con Silvia una salida antes de que os llegue un humillante despido.

Don Jaime volvió a mirar a todos a los ojos, dio la mano a Gustavo, besó en la mejilla a Silvia, se quitó ágilmente el micrófono de la corbata y abandonó la sala rápidamente.

«Esto sí que es generar sentido de urgencia», pensó Silvia mientras pasaba la agenda de la jornada a Gustavo, que, con serena dicción, compartió con todos los asistentes sin hacer mención alguna a las palabras escuchadas en aquella sala.

Una de las acciones sobre las que más se discutió aquel día era sobre el mejor modo de extender el mensaje de don Jaime al resto de la organización. Hubo muchos debates sobre la mejor vía: hacer una presentación, reuniones en cascada de los directivos con sus mandos, una alfombrilla de ordenador recordando los valores corporativos. Finalmente Silvia, después de escuchar todas las alternativas, dijo:

–No podemos hacer nada de esto. No podemos reproducir lo que ha dicho don Jaime. Todos los trabajadores tienen derecho a verlo y escucharlo. Colgaremos el vídeo completo en el portal corporativo y propongo que en cada departamento se organicen visionados del mismo para después iniciar un debate interno y ordenado de ideas que se puedan después valorar e integrar a nivel empresa.

El mensaje fue tan impactante que apenas se habló de él en los corrillos y cenas. Parecía increíble pero el debate saltó directamente a los problemas que en el fondo todos sabían tenía la empresa y a cómo afrontarlos con soluciones muchas veces dolorosas pero necesarias.

Aquel equipo de 50 directivos en pantalones de pana y mangas de camisa pensando juntos era imbatible, como bien sabía don Jaime. Tocados de nuevo por la energía, y uniendo experiencias, capacidades y también miedos, construyeron un plan de acción (que llamaron sin muchas complicaciones «Proyecto Fénix» por sugerencia del director de Marketing) de más de 20 páginas, y, lo que es más importante, cimentaron un espíritu de renovación que se extendió hasta el último rincón de la empresa como una ola imparable de cambio.

Don Jaime siguió muy atento todo el proceso. Durante los siguientes meses mantuvo en el restaurante de su club de golf bastantes comidas con Gustavo, Silvia y Javier (que había recuperado no solo el ánimo, sino también el sueño) para opinar y reflexionar sobre las medidas que se iban diseñando y ejecutando en su querida empresa. Incluso ayudó a Gustavo a negociar directamente con los accionistas ingleses para lograr una imprescindible ampliación de capital para sustentar unas necesarias inversiones en I+D para el lanzamiento de nuevos productos, que era una de las medidas que se habían considerado más urgentes en la reunión de Segovia.

Silvia había vivido el proceso de cambio más delicado de toda su carrera, y había sobrevivido al mismo desde Recursos Humanos, lo cual no es nada fácil. Su madre finalmente estaba tranquila: veía que su hija había recuperado la sonrisa que había perdido durante varios meses y en la empresa se percibía un renacer que solo es propio de las grandes organizaciones que saben que la crisis interna, cuestionarlo todo y, como decía Apollo a un Rocky complaciente, mantener la mirada de tigre no es algo a gestionar, sino el ADN clave de cualquier empresa que pretende sobrevivir en un entorno competitivo tan complejo e incierto como el actual y previsiblemente futuro en Europa.

EN RESUMEN

- El liderazgo en el mercado de muchas empresas paraliza su proceso innovador hasta que su competencia termina superándolas y desaparecen.

- A la hora de introducir cambios, uno de los factores a los que más atención se debe prestar es el origen: porqué cambiar, a quién beneficia y para qué hacerlo.

- Los gestos de los líderes tienen un poder transformador mucho mayor que sus palabras.

- La responsabilidad de que las cosas mejoren es cosa de todos.

- Para acometer un cambio en una organización es necesario actuar sobre los ejes de las personas y los procesos.

- A la hora de afrontar la gestión del cambio, debemos establecer una metodología para secuenciar las actuaciones:

  1) Establecer un sentido de urgencia.

  2) Crear la coalición que guíe el proceso.

  3) Desarrollar una visión y estrategia.

  4) Comunicar el cambio en la visión.

  5) Potenciar a los empleados para generar una amplia acción de cambio.

  6) Generar beneficios a corto plazo.

  7) Consolidar las ganancias y producir más cambio.

  8) Anclar nuevos enfoques en la cultura corporativa.

4

El cuento de las cuentas (valorar los intangibles)
Aránzazu Montes

«Medir más es fácil, medir mejor es complejo».
Charles Handy

A través de las mamparas acristaladas de la sala de reuniones Silvia observó cómo Álex se acercaba a su sitio y casi se dejaba caer sobre su silla. En el mes que llevaba en su nueva compañía como directora de Recursos Humanos, era la primera vez que veía a Álex con una expresión tan desanimada.

En su equipo, Álex era uno de sus colaboradores más cercanos, y su juventud y entusiasmo le recordaban a Silvia su comienzo como profesional del área. Con su dinamismo y ganas, él le traía a la memoria su propia imagen hace unos años, la energía que la impulsaba a aprender todo de la profesión y su sensación de reto permanente. Silvia era consciente de que el aprendizaje era un compañero permanente y procuraba renovar frecuentemente el compromiso consigo misma de mantenerse abierta a los cambios, como forma de no anquilosarse y, sobre todo, de no perder la ilusión por su trabajo. Los años de experiencia eran la base que le permitían enfocar mejor muchas situaciones y precisamente le servían también para no desinflarse ante los momentos más duros, porque le habían enseñado que con esfuerzo se consigue salir adelante.

A Silvia le llamó la atención aquella entrada, lo desfondado que notó a Álex, de natural muy vitalista. Era el que solía alentar y poner un toque de alegría a todo el grupo. Silvia recordó que acababan de lanzar el programa de identificación de jóvenes talentos, práctica que se había iniciado hacía un par de años, y que aquella mañana a Álex le tocaba arrancar su jornada con una entrevista con uno de los gerentes comerciales para tratar la aplicación de dicho programa en su equipo.

Silvia había percibido buenas cualidades en Álex para prepararle como responsable de Recursos Humanos para unidad de Negocio de alguna de las áreas de la compañía y por ello había considerado que mantener entrevistas con directivos de la casa podría ser una adecuada acción de desarrollo para su crecimiento profesional. Discretamente, descolgó el teléfono y marcó la extensión de Álex y al segundo pitido contestó este:

–¡Hola!

–Hola Álex –repuso Silvia–. ¿Podemos charlar un momento? Quería tratar contigo un asunto.

–De acuerdo, ¿cuándo?

–Si te viene bien, ahora mismo, tengo un buen rato disponible. Te espero en la sala de reuniones.

–Conforme, voy para allá.

Cuando entró Álex en la sala, Silvia le indicó con una sonrisa que ocupara una de las sillas que circundaban la mesa de reuniones y ella se sentó en otra.

–¡Hola Álex! ¿Cómo estás?

–Bien, gracias, Silvia.

–¿Cómo ha ido esta mañana con el gerente comercial?

–Pues… podía haber ido mejor. Quizá yo no he estado muy acertado.

–¿Por qué? ¿Qué ha pasado?

–La verdad es que Manzano no se ha mostrado muy entusiasmado cuando he empezado a contarle el programa. Me ha venido a decir que si es cuestión de que nos dé dos o tres nombres, pues que lo hace y ya está. Que se lo ha dicho su jefe y que por eso lo hace. Pero que no le hagamos llenar más impresos y que ni mucho menos pensemos que podemos coger a alguno de sus chicos y llevarlos a otra división para un período de entrenamiento. ¡Que sus chicos son suyos!

–¿Y que le has respondido tú?

–Que el programa busca retener a gente clave para la organización, que perciban que pueden tener carrera en la empresa, y que podamos en un futuro cubrir puestos críticos con agilidad y con un buen conocimiento de nuestro negocio y estrategia. Pero tengo que admitir que no me ha servido de mucho, porque me ha dicho: «bien, bien… no sé que vais a hacer vosotros que no pueda hacer yo. Pero yo lo hago en cinco minutos y con bastante menos coste. Bueno, ya me he enterado y ya le daré algo a tu jefa».

Silvia sonrió y le sugirió a Álex que apartara los sentimientos personales que pudiera tener tras la entrevista mantenida. Que se centrara en la idea de que había sostenido un encuentro con un cliente y que este no estaba nada convencido del servicio que le había ofrecido. Y que desde esa perspectiva le comentara qué ideas le surgían.

–Visto así… trataría de revisar mi servicio para encontrar algo que pudiera ser de más interés para mi cliente, o presentárselo de otra manera.

–Bien pensado –le animó Silvia.

–Aunque de todas maneras, ¡tendré que trabajar mucho la presentación! Nosotros no vendemos, ¡no tenemos ingresos trimestrales! –se quejó.

–Completamente de acuerdo. Los resultados de nuestra labor no son tan inmediatos y tienen el inconveniente de que no es tan sencillo reflejarlos en la cuenta de resultados, conforme a las reglas de contabilidad convencional. Pero compartimos esa circunstancia con áreas como la de Calidad Operativa o el sistema de Buen Gobierno. Te diría que... ¡hasta con las inversiones en IT o en I+D en muchos casos! Lo que estás enunciando es que tenemos un buen reto ante nosotros, ¿no te parece excitante? Tenemos que mostrar cómo los intangibles en los que trabajamos tienen impacto en la cuenta de resultados y en la cadena de valor de la empresa. Por supuesto que te reconozco que es complejo, pero no imposible. ¿Nos atrevemos? –le desafió.

–¡Me parece que sí! –contestó con ganas renovadas el joven profesional.

–Pero antes de zambullirnos en la búsqueda del Santo Grial, vamos a ir por partes, ¿te parece? –propuso Silvia–. Vamos revisar cómo medimos nuestra labor actualmente y con ojo crítico veremos qué más podemos hacer.

Silvia le encomendó a Alex que reuniera toda la información sobre el tipo de medidas, indicadores, etc. que hasta el momento habían desarrollado en el ámbito de Recursos Humanos en la empresa y le dijo que, una vez recopilada esa información, volverían a sentarse para mantener una sesión de trabajo.

Al cabo de una semana, Álex le pasó un completo informe a Silvia que recogía todos los indicadores que hasta la fecha había desarrollado la unidad de Recursos Humanos de dicha compañía. El informe detallaba por área de especialidad una serie de ratios.

Cuadro 4.1 Indicadores clásicos de Recursos Humanos

Área funcional de Recursos Humanos	Indicador
Selección	• Número de vacantes cerradas sobre el número total de vacantes abiertas en el año. • Porcentaje de nuevos currículos recibidos en el año actual frente a los del año anterior. • Porcentaje de vacantes cubiertas internamente.
Formación	• Nivel de satisfacción de los asistentes con los cursos realizados. • Número de horas de formación por empleado. • Inversión en formación por empleado.
Compensación y beneficios	• Porcentaje de empleados con retribución variable. • Porcentaje de la plantilla con seguro médico y/u otro beneficio.
Desarrollo	• Número de empleados con la evaluación realizada. • Porcentaje de posiciones de gestión empresarial cubiertas internamente.

Al repasar el informe, Silvia preguntó a Álex si sabía desde cuándo se hacían esos indicadores, si habían tenido alguna modificación en los últimos tres años, a quién se envía el informe, qué *feedback* se había recibido en los últimos seis meses a propósito de estos indicadores, etc. La pregunta que en el fondo le estaba surgiendo a Silvia era: «¿para qué se estaba midiendo?».

Así la formuló. La cara de desconcierto de Álex le hizo rememorar sus propios primeros pasos y se avino a ayudarle. Acercándose al rotafolios, dibujó un cuadro con algunas razones.

Cuadro 4.2 Razones para medir

¿Para qué medimos?
• Comunicar niveles de rendimiento esperado. • Observar y entender los resultados obtenidos. • Comparar con los estándares requeridos y/o con *benchmarkings*. • Identificar carencias de desempeño o resultados. • Tomar decisiones sobre uso de recursos. • Reconocer y recompensar el desempeño.

Fuente: Fitz-enz, J. y Davison, B. (2002), *How to Measure Human Resources Management*, Nueva York, McGraw Hill.

Volviendo a sentarse, continuó su charla, indicando a Álex que, si lo analizaba detenidamente, las razones que se exponían en el cuadro eran válidas tanto para la medición del desempeño de las personas como el de las organizaciones. En consecuencia, tener en cuenta esas pautas a la hora de establecer el sistema de medida a realizar por Recursos Humanos era crítico, porque no debíamos olvidar que esta función, como las restantes de la organización, solo resulta válida para la organización en la medida que contribuya a llevar a cabo la implementación de estrategia de la organización.

–Es decir, Álex –prosiguió Silvia–, que para alcanzar la ambición que tenemos como función de pasar de tener un rol administrativo a ser un activo estratégico nos vemos obligados a demostrar a nuestra respectiva organización cómo aportamos valor.

–¿Qué es un activo estratégico? –inquirió Alex.

–Te doy una definición que leí en alguna ocasión: «el conjunto de recursos y capacidades difíciles de comprar e imitar, escasos y específicos, que conceden a la empresa una ventaja competitiva» (Amit, R. y Shoemaker, P. J. H., 1993, «Strategic Assets and Organizational Rents», *Strategic Management Journal,* núm. 14).

A continuación le indicó a Álex que, en su opinión, lo más relevante no eran las definiciones, sino entender que la organización, al diseñar una estrategia, busca mantener y mejorar su posición competitiva en su mercado. Y además busca que esta posición sea sostenible, esto es, que no sea sencillo alcanzar esa misma posición por parte de competidores o potenciales sustitutos a futuro, porque no pueden imitar aquellos factores que dan ventaja a esa organización. Por eso esos factores se denominan ventajas competitivas. Con ello lo que los directores generales y los equipos directivos de una organización persiguen es afianzar la rentabilidad de la compañía y demostrar el valor creado a sus accionistas.

–Con este enfoque es con el que tenemos que trabajar, Álex. Tan importante como la propia estrategia es la ejecución de la misma –manifestó Silvia–. Tenemos que entender la estrategia de nuestra organización, cómo mantener la ventaja competitiva e identificar las implicaciones para nuestra función, a fin de demostrar cómo nuestras actividades contribuyen a la realización de dicha estrategia. Por eso es crítico clarificar, los primeros a nosotros mismos, si lo que medimos es lo importante y si está impactando en la ejecución de la estrategia.

Silvia comentó su impresión de que, en bastantes ocasiones, los indicadores que manejaban las unidades de Recursos Humanos eran una sucesión de ratios establecidos para los procesos del propio departamento, eminentemente operativos. En su opinión, lo que había que valorar era el resultado o los resultados que proporcionaban dichos procesos y si tenían impacto en la cadena de valor de la organización, es decir, los indicadores y las medidas de las actividades de Recursos Humanos tenían que procurar datos para el análisis de si esos procesos aportaban valor a los procesos de negocio.

Álex le pidió intervenir en ese momento para recordarle que los procesos de negocio eran de resultados tangibles, y que los de Recursos Humanos, ella misma lo había admitido, eran en buena parte intangibles, de modo que no veía una fácil solución a ligar ambas realidades. Silvia asintió, aunque comentó que pocas realidades podrían ser más tangibles que una buena selección de comerciales para llevar a cabo las ventas necesarias o la contratación de unos excelentes ingenieros que desarrollen la aplicación adecuada. Y que recordara que, precisamente, los activos intangibles son los más difíciles de imitar, por lo tanto pueden ser la clave para que una ventaja competitiva sea más sostenible.

Habiendo llegado a este punto, Silvia le indicó a Álex que quería hacer una reflexión adicional a propósito de la relevancia de la gestión de la información disponible.

1. Los informes

Silvia lanzó una pregunta retórica:

–¿Qué importancia tiene contar con un buen informe de indicadores, ratios o medidas de la actividad de Recursos Humanos?

Álex mantuvo silencio aunque sus ojos delataban su intensa curiosidad. Continuó Silvia, satisfecha con el ambiente de aprendizaje conseguido, indicando que no debemos olvidar que los informes de Recursos Humanos son también informes de negocio y, como tales, deben reunir las siguientes características:

- Claros
- Concisos
- Precisos
- Relevantes

Siguió su reflexión manifestando que, por consiguiente, cada informe y cada presentación eran una oportunidad única para vender la actividad de Recursos Humanos y lo que se hubiera conseguido. Añadió para terminar:

–Da la sensación que existe un cierto consenso acerca de las siguientes premisas: lo que no se mide es como si no existiera y lo que no se comunica, no se conoce, por lo tanto, es también como si no existiera.

Invitó a Álex a responder a la siguiente pregunta:

—¿Cómo te sientes cuando lees un informe de una materia que no dominas y este es muy técnico?

—Con cierto desapego —respondió el interpelado—. Diría que casi con desinterés.

—¡Así es! —convino Silvia—. Una lectura nos puede atrapar o nos puede hacer desistir de interesarnos por una materia concreta. Y tenemos que ser conscientes del público al que dirigimos nuestros informes de negocio.

Razonó Silvia que los informes no solo tienen el propósito de informar, sino que son una oportunidad para persuadir y poner en valor nuestro punto de vista. Sin embargo, lamentó que en muchas ocasiones los informes de Recursos Humanos van dirigidos a una audiencia que es el propio círculo de Recursos Humanos, expertos en esas áreas, y no a los auténticos destinatarios de dichos contenidos, que no tienen por qué ser expertos en la materia. Sin embargo, se da la paradoja de que integrantes de esa audiencia en base a esos informes son los que toman decisiones que a afecta a esta área de gestión, Recursos Humanos.

—Por ello es muy adecuado que nos respondamos a las siguientes preguntas cada vez que enfrentamos la elaboración de un informe, porque en el fondo lo que ocurre es que estamos gestionando una oportunidad de venta —propuso Silvia y, dirigiéndose al rotafolios, escribió varias cuestiones sobre la oportunidad de venta.

Cuadro 4.3 Oportunidad de venta

Nuestra oportunidad de venta
¿Cómo de interesados están nuestros lectores en esta materia? - Interés ¿Qué valor conceden a esta materia? - Valor ¿Qué actitud tienen hacia esta información? - Actitud ¿Perciben que necesitan esta información? - Necesidad

Fuente: Fitz-enz, J. y Davison, B. (2002), *How to Measure Human Resources Management*, Nueva York, McGraw-Hill. .

A modo de regla nemotécnica, sugirió Silvia a Álex que podía recordar estas preguntas combinando las iniciales de los aspectos que abordaba cada uno de estos interrogantes:

–¿Ves? Lo recordarás fácilmente si hablamos del modelo IVAN. Aunque lo esencial de lo que estamos comentando, Álex, es que recordemos que las personas perciben la información en la medida que les atañe y les afecta. De modo que la clave es proporcionar la información de una manera que sea atractiva y comprensible para nuestros clientes internos.

–¡Seguro que así no lo olvido! –sonrió Álex al tiempo que anotaba el truquito.

Mientras Silvia se sentaba de nuevo en su silla, expresó a su contertulio que aún faltaba por tratar otro elemento fundamental a tener en cuenta antes de iniciar una medición. Le planteó a Álex en ese momento la importancia de recordar que la medición era un medio, no un fin en sí mismo, y que por ello era crítico mantener el equilibrio entre la obtención de un ratio y el esfuerzo para obtenerlo.

–Cuando hablamos de costes de Recursos Humanos tenemos que cuidar escrupulosamente los costes de oportunidad en los que incurrimos al destinar esfuerzos y recursos a medir. ¿Conoces lo que es un coste de oportunidad?

Ante la negativa de Álex, Silvia lo definió como «el valor de la mejor opción no realizada». Le explicó que se trataba de un concepto financiero, y que para no liarse demasiado podría valerle con entender que al destinar los recursos a un determinado propósito se dejan de aplicar necesariamente a otro destino, que aportaría un resultado o valor distinto. Es decir, se trata de valorar a lo que renunciamos por haber tomado una determinada opción. De modo que si dedicamos nuestros esfuerzos y recursos a medir, debemos tener muy claro qué valor nos proporciona esa medición, porque para realizarla habremos dejado de lado otras actividades.

–Luego la medición es algo que debemos pensar también estratégicamente. Lo que quiero decir con esto es que debemos asegurarnos de que los indicadores o ratios que elaboremos son los que demanda o requiere la organización para la adecuada toma de decisiones y de que existen medios para obtenerlos en el tiempo y con la frecuencia necesaria.

Rememoró Silvia experiencias pasadas de ambiciosos cálculos, listas de hasta 30 o más indicadores y prolijas recogidas de datos que de poco o nada sirvieron a la organización en la que en aquel momento trabajaba. Entre otras cosas porque no se había establecido la adecuada vinculación causa-efecto entre la actividad de Recursos Humanos y la actividad de negocio. Pasó a dibujarle lo que podría ser un esquema de cadena de vinculación.

Cuadro 4.4 Cadena de vinculación

Programa/Actividad	Indicador/Ratio
• Identificación personal clave en centro I+D	% sobre plantilla total % cobertura competencia claves
• Política de retención: compensación variable más alta	% incremento coste retribución variable en ese colectivo % rotación voluntaria en ese colectivo
• Ciclo diseño y venta nuevos productos	% reducción tiempo de diseño nuevos productos Índice mejoras de calidad nuevos productos % incremento ventas debidas a nuevos productos % incremento mejora de satisfacción clientes

—Obviamente, se puede pulir mucho más y mejor, pero ilustra lo que estoy tratando de decir, Álex. Bajo mi punto de vista, o establecemos estas cadenas de vinculación causa-efecto o sencillamente nuestra actividad puede ser bastante prescindible. ¡Y no lo olvidemos!: con el justo equilibrio para que el coste de oportunidad convenza a la organización, para que se mida lo que sea relevante para la estrategia de la organización.

Álex le comentó que ahora entendía mejor lo que habían hablado hacía un rato, cuando planteó que los resultados de Recursos Humanos eran intangibles y que no se trataban de ventas. Sugirió Silvia cerrar la cuestión sobre los activos intangibles.

—Esos —le dijo— que recordarás son los más difíciles de imitar. Por lo tanto, pueden ser la clave para que una ventaja competitiva sea más sostenible. Esto es, los intangibles son activos estratégicos.

2. Los activos del mapa estratégico

Silvia prosiguió:

—No lo digo yo. Ya lo mantenían en su momento Kaplan y Norton. Déjame que te explique el planteamiento que hicieron estos dos caballeros a propósito de cómo los aspectos más tangibles y los más intangibles de una organización se pueden incorporar al mapa estratégico. Lo llamaron el «cuadro de mando».

—¿Y en qué consiste? —preguntó Álex.

Silvia comenzó a explicarle que en el libro *The Balanced ScoreCard: Translating Strategy into Action*, publicado en 1996, Robert S. Kaplan y David P. Norton propusieron el cuadro de mando *(Balanced ScoreCard, BSC)* como una herramienta para movilizar y orientar el desempeño de los profesionales de una organización hacia el logro de las metas estratégicas. Para conseguir un mapa lo más completo posible de todos los aspectos que se ponen en juego en la ejecución de una estrategia identificaron cuatro perspectivas a tener en cuenta, respondiendo cada una de estas perspectivas a una pregunta crítica.

Cuadro 4.5 Perspectivas del cuadro de mando

Perspectivas del cuadro de mando (BSC)
• Perspectiva financiera: ¿qué impresión tienen nuestros accionistas de nosotros? • Perspectiva de cliente: ¿cómo nos ven nuestros clientes? • Perspectiva de procesos internos: ¿en qué tenemos que ser excelentes? • Desarrollo y aprendizaje: ¿podemos continuar mejorando y creando valor?

Fuente: Kaplan, R. y Norton, D. (1996), *The Balanced Score Card: Translating Strategy into Action,* Boston, Harvard Business School Press.

Dentro de la categoría de «desarrollo y aprendizaje», Kaplan y Norton diferenciaron tres dimensiones (cuadro 4.6):

- El capital humano *(Human Capital)*, que definieron como las habilidades, talentos y conocimientos que los empleados de una compañía poseen.

- El capital de información *(Information Capital)*, que incorporaba las bases de datos de la compañía, sus sistemas de información (no solo los tecnológicos), las redes de contactos y la infraestructura tecnológica.

- El capital organizativo *(Organization Capital)*, en el que encuadraron la cultura de la compañía, su liderazgo, el alineamiento de los empleados con la estrategia de la compañía y la habilidad de los empleados para compartir sus conocimientos y trabajar en equipo.

Cuadro 4.6 Desarrollo y aprendizaje

Perspectiva de aprendizaje y desarrollo		
Capital Humano	Capital informativo	Capital organizativo
• Habilidades	• Sistemas	• Cultura
• Entrenamiento	• Bases de datos	• Liderazgo
• Conocimiento	• Redes de contactos	• Alineamiento
		• Trabajo en equipo

Fuente: Kaplan, R. y Norton, D. (1996), ibídem.

–Y fíjate bien, Álex –enfatizó Silvia– en que tanto para el capital humano como para el organizativo hablaron de cuestiones vinculadas directamente a los empleados, es decir, a nuestras áreas de trabajo.

Silvia no eludió en su explicación que esta propuesta, como otras muchas que diferentes estudiosos y académicos realizan o han realizado a la doctrina, tuvo sus detractores por razón de su base empírica. Pero Silvia destacó que lo más relevante para ella era que se trataba de una visión que ampliaba horizontes. Lo revolucionario fue que incorporó al análisis del desempeño y de la cadena de valor de una organización, no solo los aspectos financieros, cuantificables conforme a las reglas contables tradicionales, sino también otras facetas más intangibles, que cada vez más, en una economía del conocimiento, podían explicar la sostenibilidad de ciertas ventajas competitivas.

Con este modelo en la cabeza, Silvia planteó como opción que la función de Recursos Humanos generara un cuadro de mando adaptado a su actividad y que se respondiera a las preguntas clave formuladas por Kaplan y Norton para su propio ámbito, identificando los públicos respectivos, que sorpresivamente no eran muy diferentes a los que la organización en su conjunto podía tener (cuadro 4.7).

Cuadro 4.7 Públicos de Recursos Humanos

Preguntas clave	Público para Recursos Humanos
Perspectiva financiera: ¿qué impresión tienen nuestros accionistas de nosotros?	Accionistas Dirección general Equipo directivo
Perspectiva de cliente: ¿cómo nos ven nuestros clientes?	Clientes externos Clientes internos: directivos y empleados
Perspectiva de procesos internos: ¿en qué tenemos que ser excelentes?	Función de Recursos Humanos Clientes internos: directivos y empleados Proveedores
Desarrollo y aprendizaje: ¿podemos continuar mejorando y creando valor?	Clientes externos Función de Recursos Humanos Clientes internos: directivos y empleados Proveedores Contactos y redes externas

Álex reconoció a Silvia que empezaba a tener una idea más clara de los pasos a dar a la hora de ponerse a medir las actividades de Recursos Humanos, aunque por la expresión de ella dudaba de que hubiera revisado todo.

–Efectivamente Álex, solo un último apunte –reconoció Silvia–. Tradicionalmente a Recursos Humanos se le ha acusado de ser una función que no ha prestado atención al ROI.

–¿Qué significa «ROI»?

–Es el acrónimo de la expresión en inglés *Return on Investment*, que significa «retorno de la inversión», esto es, el beneficio o la utilidad obtenida en relación a la inversión realizada –respondió Silvia–. Como ves, tiene bastante que ver con lo que hemos hablado ya a propósito del coste de oportunidad y de las cadenas causa-efecto. Y también está muy relacionado con algo que se ha cuestionado mucho a Recursos Humanos: su efectividad.

Propuso Silvia a Álex revisar la definición de «efectividad». La buscaron por Internet en el *Diccionario de la Lengua* de la Real Academia Española y encontraron la siguiente acepción:

«Efectividad: Capacidad de lograr el efecto que se desea o se espera».

–Como comprobarás –señaló Silvia–, volvemos a tocar algo que ya ha salido en nuestra conversación anteriormente. Esto es, si los resultados de las actividades de Recursos Humanos generan el impacto deseado y contribuyen a la ejecución de la estrategia de la compañía. Dicho de otro modo, si nuestro desempeño es el buscado. Y con el matiz añadido de que el uso de los recursos ha sido el óptimo. De otro modo, estaríamos hablando de eficacia, no de efectividad.

–Si lo he entendido bien, ahí tenemos que introducir aspectos financieros en nuestras medidas –argumentó Álex.

–¡Estupendo, Álex! ¡Lo has entendido muy bien!

–¿Y se puede llegar a ese extremo?

–¡Claro que sí! Se puede diseñar un indicador a medida de la compañía que le permita valorar ese desempeño. Por ejemplo, una medida muy tradicional de la rentabilidad por empleado en la compañía es dividir la cifra de ventas por el número de empleados. Pero seguramente no es una medida adecuada, porque ¿cuántos empleados tenemos, por ejemplo, a tiempo parcial? ¿Qué absentismo tenemos en la organización y por lo tanto qué tiempo de cada uno de nuestros empleados es productivo? Por todas estas cuestiones, se habla de un concepto, que es el de *Full Time Equivalent* (FTE), que consiste en calcular el número equivalente de trabajadores que potencialmente a tiempo completo han participado en la producción en la compañía.

Continuó Silvia poniéndole a Álex el ejemplo de un proyecto en el que un trabajador participa a tiempo completo, toda su jornada, mientras que otros dos lo hacen solo durante la mitad de su jornada.

–El número total de trabajadores involucrados en el proyecto será tres, pero el número total de FTE será dos –explicó Silvia.

Como Álex manifestó que lo había entendido claramente, Silvia le apuntó que, en consecuencia, una medida algo más precisa de la rentabilidad por empleado es realmente dividir la cifra de ventas por el número de FTE. Ese dato, más la comparación entre los gastos totales de plantilla y la estimación de los que se tendrían con una plantilla de la dimensión del número total de FTE, nos daría una idea más completa de nuestra rentabilidad.

–Y un último aspecto para no olvidar, Álex, es que estos indicadores hay que analizarlos con cierta perspectiva, porque la tendencia es la que nos dará la clave de si la gestión es la apropiada o no. Recuerda que al manejar intangibles una característica de estos es que su efecto no es inmediato en el tiempo, por lo que observar su evolución nos proporcionará la pauta sobre las decisiones a tomar. También es muy sano compararnos o tener referencias de cómo lo hacen en otras organizaciones –finalizó Silvia–. ¡Bueno!, coméntame tus impresiones.

–Todavía tengo que poner en orden todo lo que me has estado explicando, pero la primera conclusión que he alcanzado es que antes de medir tenemos que pensar qué queremos y contrastar lo que realmente interesa a nuestra audiencia. ¡Nada de lanzarnos a elaborar ratios impulsivamente! –razonó Álex–. Otro punto es que tenemos que observar el momento de la empresa, y concentrarnos en qué actividad de Recursos Humanos es la que está aportando más valor a la estrategia de la misma, para dedicar más esfuerzo a medir el impacto de sus resultados.

Silvia agradeció a Álex su interés y atención durante toda la charla que habían mantenido, y como modo de poner en práctica lo que habían estado discutiendo durante su conversación preguntó a Álex cómo enfocaría ahora su entrevista con el gerente comercial. Álex sonrió ante el reto y contestó:

—Creo que le planteraré que imagine por un momento que uno de sus chicos más destacados, uno de los que solo él quiere gestionar y al que no deja la posibilidad de considerar otras rutas profesionales dentro de la empresa, decide marcharse de la compañía. Le comentaré que, seguramente, el afectado lo anunciará dando un plazo de dos o tres semanas antes de dejar la compañía, un brevísimo lapso para reaccionar. Que ante esa noticia probablemente habrá que iniciar la búsqueda de una nueva persona y que eso implicará una serie de costes. Déjame pensar… Te pongo una fórmula aproximada —terminó Álex al tiempo que se acercaba al rotafolios y comenzaba a escribir.

Cuadro 4.8 Coste por caso de selección externa (CSE)

CA: Coste de anuncio/publicación vacantes en periódicos, buscadores, etc.

CPE: Coste proveedor externo

CS: Coste de las horas del reclutador/*recruiter*

CSE (1) = CA+CPE+CS

RE: Rentabilidad por empleado y día

SE: Coste salarial diario del empleado

D: número de días desde la fecha de baja del empleado que se marcha hasta la incorporación del nuevo empleado

CSE (2) = CA+CPE+CS+(RE-SE)*D

–¡Qué interesante! –exclamó Silvia–. Propones dos fórmulas. ¿Me lo explicas?

–¡Por supuesto! –asintió Álex–. La primera no la trato porque es autoexplicativa. Con la segunda fórmula he intentando expresar no solo los costes directos que podría suponer una búsqueda externa, sino también la caída de ingresos que se producirían durante el período. De alguna manera, serían más costes.

–¡Estupendo! –exclamó Silvia–, realmente creo que has hecho muchos progresos. Permíteme solo hacer algunas sugerencias. Yo añadiría que tuviera en cuenta que seguramente la rentabilidad del nuevo empleado durante cierto plazo no sería la misma que la del empleado que se ha marchado. También le comentaría que, durante ese plazo, tanto Recursos Humanos como él mismo tendrían que dedicar parte de su tiempo a orientar y apoyar al nuevo empleado para una mejor integración en la organización. Podrían tratarse como una inversión y analizar el ROI, pero podríamos estudiar también el coste de oportunidad del tiempo del gerente, ¿no te parece?

–¡Claro! Creo sinceramente que esta forma de tratar el programa con el gerente comercial puede darnos una oportunidad de ser vistos de una manera distinta –respondió Álex.

–Tampoco tenemos que inventar la rueda. Si estás interesado, muchas medidas y referencias sobre la efectividad de la función de Recursos Humanos fueron analizadas o propuestas por el Instituto Saratoga. Lo esencial, como hemos venido diciendo, es establecer aquellas medidas que sean críticas desde el ámbito de Recursos Humanos para la implantación o ejecución de la estrategia de la compañía.

–La verdad es que ha sido un buen repaso y me ha ayudado a ver el bosque –bromeó Álex.

–Estamos de acuerdo. Pues ya sabes: tras toda la reflexión que hemos hecho, vamos a revisar nuestros procesos y medidas para...

Y empezaron juntos a trazar un plan para medir el impacto estratégico de su función.

EN RESUMEN

- ¿Para qué medimos? Tengamos siempre presente el propósito de nuestra medida: es crítico asegurar que medimos lo relevante en la cadena de valor y en la ejecución de la estrategia.

- La gestión de nuestras personas es una actividad de negocio y los indicadores de dicha actividad tienen que ser por tanto también:

  - Claros.

  - Concisos.

  - Precisos.

  - Relevantes.

- Recordar que lo que no se mide es como si no existiera y lo que no se comunica, no se conoce, por lo tanto, es también como si no constara.

- Cada informe y ratio es una oportunidad para persuadir y poner en valor nuestro punto de vista ¡Aprovechémosla al máximo! Recordemos la regla IVAN de la medición:

  - ¿Cómo de interesados están nuestros lectores en esta materia? Interés.

  - ¿Qué valor conceden a esta materia? Valor.

  - ¿Qué actitud tienen hacia esta información? Actitud.

  - ¿Perciben que necesitan esta información? Necesidad.

- La medición es un medio, no un fin: ponderar los esfuerzos y recursos destinados a realizar la medida, asegurar el valor que aporta y analizar el coste de oportunidad.

- Cuidar la adecuada vinculación causa-efecto entre la actividad de recursos humanos y la actividad de negocio: evidenciar la rentabilidad.

- Medir los intangibles es complejo, pero también clave, porque los intangibles suelen ser los activos más estratégicos, esto es, los que aportan sostenibilidad.

- Observar la tendencia: un indicador aislado no proporciona información para la toma de decisiones.

5

«¡Qué poco valen los valores!»...
Sobre todo si no se practican
Jorge Cagigas

Silvia había llegado hacía poco tiempo a la nueva organización, aunque ya llevaba unos cuantos años en este apasionante pero a veces algo incomprendido quehacer de la dirección de personas o Recursos Humanos, como es más conocida. En este tiempo había observado que, aunque algunas de las funciones asignadas a su departamento tenían desarrollados buenos procedimientos, la manera de actuar y comportarse de los diferentes empleados y departamentos era bastante heterogénea. Por otro lado, los juicios y opiniones sobre los empleados tenían un componente de subjetividad muy elevado y estaban poco fundamentados o más bien nada. Había detectado además que estas opiniones mediatizaban mucho la dinámica normal de la organización porque dependiendo de quién viniera la opinión esta tenía mayor o menor impacto.

Al final, recordaba una frase que en una reunión sobre supervisión de consultoría de procesos y *coaching* le dijo su supervisor: «cuando uno habla de otro, de quien está hablando realmente es de sí mismo». Esto aplicado a la organización adquiría también mucho sentido: había presenciado algunas conversaciones en esta línea, en las que sobre la misma persona se producían opiniones muy diferentes e incluso contradictorias o antagónicas. Por otro lado, a lo largo de su trayectoria profesional había constatado en numerosísimas ocasiones cómo las organizaciones contrataban a los profesionales y directivos por sus aptitudes y los despedían, o estos se marchaban, por las actitudes.

Esa tarde en su ronda de conversaciones con los componentes de su equipo había quedado con Patricia, quien llevaba ya varios años en el departamento. Había comenzado su trayectoria en la empresa en selección y reclutamiento y después de un tiempo había sido la encargada de poner en marcha el área de desarrollo. Al frente de esta área había podido sistematizar un modelo de acciones formativas muy conectadas a las necesidades organizativas y había conseguido que la organización y los profesionales vieran con muy buenos ojos las iniciativas que se proponían y posteriormente se llevaban a cabo. Además se trataba de una persona con un gran entusiasmo y capaz de ponerse al frente de la manifestación de cualquier iniciativa que se propusiera, al tiempo que era capaz de impulsar contra viento y marea aquellas que se le ocurrían.

Una vez sentadas en la pequeña sala de reuniones, Silvia le pregunta cuál cree que ha sido su logro más importante y cuál debería ser la prioridad que se debería abordar en el ámbito de sus responsabilidades. Patricia le contesta que su éxito ha sido convertir la formación en una actividad querida por los participantes y que además había mejorado mucho la imagen del departamento con el desarrollo de esta área. A los retos, Patricia le contesta que la prioridad sería contar con un presupuesto más alto y algún recurso adicional más para poder incrementar la satisfacción de los clientes internos. La conversación transcurre con mucha naturalidad y se va consiguiendo un buen clima de confianza entre ambas. Patricia se siente muy identificada con la compañía en la que trabaja, cree que es reconocida por sus compañeros y opina que tiene un alto grado de orgullo de pertenencia, al mismo tiempo valora mucho la gran trayectoria profesional por la que viene avalada Silvia y cree que juntas pueden llegar a conseguir grandes avances en la organización a través de Recursos Humanos. Entre las dos existe una buena química y eso consigue que después de un par de horas en la sala de reuniones del departamento y cuando ya el sol empieza a perder fuerza en ese jueves de primavera, casi veraniego, decidan terminar la conversación tomándose un café antes de volver a sus casas.

Ya en la cafetería, Silvia le confiesa a Patricia que uno de los proyectos que le gustaría abordar, porque cree que puede marcar una gran diferencia, es la explicitación de la cultura a través de unos valores y unos comportamientos específicos y comunes, que todo el mundo entienda. Patricia observa a Silvia y en un determinado momento frunce el ceño y arquea sus cejas al tiempo que tuerce su boca hacia el lado izquierdo en un gesto que Silvia interpreta como de incierta incredulidad y rechazo. Silvia entonces le comenta que parece haber detectado algo con lo que Patricia no está de acuerdo, y entonces ésta le comenta que el tema de los valores le parece inaplicable en esa organización, que ha oído hablar mucho de ello y que incluso hace unos años con el anterior consejero delegado se definieron unos valores que se colgaron por todas partes y que desarrollaron unos consultores de comunicación, que ni tan siquiera hablaron con la gente y que lo único que hicieron fue inundar las oficinas e instalaciones de cuadros y pósteres con la lista de valores, y que en su opinión no coincidían en absoluto con los que, en el día a día, se practicaban y manejaban, especialmente los directivos, en sus relaciones tanto dentro de la empresa como con clientes, proveedores, instituciones y demás personas vinculadas de alguna manera a la organización. A Silvia esto no le resultaba nuevo, pero antes de intervenir dejó que Patricia continuara con sus opiniones e impresiones sobre este asunto, ya que lo consideraba una aportación de incalculable valor, y quería agradecer también la honradez y sinceridad que estaba mostrando en todo momento.

Prosiguió Patricia, diciéndole que creía que en algún rincón de alguna sala o dependencia todavía quedaba alguno de esos preciosos carteles, si bien ahora ya amarillento y en un estado lamentable dado el tiempo transcurrido sin que nadie lo hubiera tenido en cuenta. En ese momento, Silvia le preguntó a Patricia si había leído la obra del famoso escritor británico Oscar Wilde *El retrato de Dorian Gray;* Patricia contestó que sí, pero que no se acordaba mucho y que no alcanzaba a ver la relación de la obra con la conversación. Silvia trató de explicarle: Dorian Gray tiene una obsesión por la apariencia y la vida mundana y en su obsesión hace un pacto secreto con el diablo, de tal manera que Dorian mantiene su atractivo y apariencia intacta como en un cuadro que originariamente había pintado un pintor de nombre Basil. Dorian continúa con su mundana y alocada existencia sin privarse de ninguno de los placeres de la vida y conservando su atractivo y apariencia, mientras el cuadro que permanece escondido en la buhardilla va resquebrajándose y deteriorándose a pasos agigantados mostrando la auténtica realidad de Dorian, que, a hurtadillas y en penumbra, convive con el aparente esplendor externo y el deterioro interno que él solo conoce. Trasladado esto al mundo de las organizaciones hay muchas empresas que enseñan una apariencia fantástica; sin embargo, su organización interna es como el cuadro de

Basil, deteriorándose y trasladando una angustia interna a cada uno de los componentes de la organización. En este momento, Silvia le preguntó a Patricia si consideraba que la organización en su opinión tenía un grado de deterioro importante en este terreno. Patricia, un poco confusa pero con satisfacción por una conversación enormemente provechosa por las nuevas inquietudes e ideas que le estaba sugiriendo, le confió a Silvia su percepción, diciéndole que, si bien la compañía estaba asentada sobre unos pilares sólidos, detectaba que podía estar iniciándose un proceso de descomposición y desintegración vinculado al fenómeno que Silvia le estaba tratando de transmitir. Patricia entonces le dijo a Silvia que no creía que fueran capaces de transformar la organización y conseguir que las cosas cambiaran con la implantación de un modelo de valores.

En ese momento, Silvia recordó la conversación de hace ya bastantes años, cuando asumió la dirección de Recursos Humanos por primera vez y se veía impotente para implantar un buen modelo de gestión del rendimiento. Ahora se encontraba con una colaboradora suya con una magnífica actitud y a la que tenía que convencer de que un cambio y transformación de este tipo era posible.

Silvia le dijo a Patricia:

—Mira, Patricia, no solo es posible, sino que además quiero que tú lideres este proyecto conmigo. Creo que de las personas del equipo tú eres la que reúne las mejores cualidades para llevar a cabo este proyecto y como es tarde —prosiguió Silvia— mañana por la mañana nos vamos a encerrar un par de horas en la sala de reuniones y te voy a explicar cómo vamos a abordarlo.

A la mañana siguiente, cuando Silvia llegó a la oficina se encontró a Patricia ya en plena faena y cuando la vio aparecer esbozó una sonrisa. Silvia le solicitó que fuera a su despacho, y nada más entrar Patricia le espeta:

—¡¡¡Qué bueno este Oscar Wilde!!! Anoche estuve leyendo su libro *El retrato de Dorian Gray* e investigando sobre su vida y milagros y algunas de sus frases me han parecido geniales. Cuando leía el libro estaba tratando de extrapolar las imágenes a nuestra empresa y creo, Silvia, que algo de razón tienes. Lo que me cuesta más es saber si vamos a ser capaces de transformar esta organización, que de verdad se sustente en unos valores compartidos, que todos nos comportemos de acuerdo a ellos y seamos capaces de evaluar a los demás con equidad y quizá con justicia.

Silvia esbozó una media sonrisa, muy característica suya de cuando se sentía bien y animada:

–Bueno –empezó–, vamos a preparar nuestra particular toma de la Bastilla a la transformación de la empresa.

–No sé por dónde podemos empezar –respondió Patricia–, pero seguro que algo se nos ocurre.

–No te preocupes, que mis canas aquí sí que nos van a echar una mano –terció Silvia–. Nuestro objetivo debe ser planteado en dos fases: una primera en la que deberemos desarrollar un código de conducta, algo que identifique los valores y comportamientos esperados y que se vaya interiorizando, y después una segunda fase en la que, para que de verdad esto tenga sentido, realicemos una evaluación sobre valores de manera que dicho examen forme parte fundamental de nuestro sistema de evaluación de rendimiento, tanto de las recompensas como de nuestra política retributiva. Las funciones y responsabilidades son importantes pero lo que de verdad se convierte en un elemento diferencial es la inclusión de los valores como piedra angular. Todo esto, junto con los otros proyectos de competencias para lograr un desarrollo de las personas y nuestro plan de integrado de recursos humanos, hará el resto para que nuestra organización funcione como un auténtico reloj suizo y nuestra gente se sienta orgullosa de pertenecer a esta empresa y dé lo mejor de sí misma, lo cual redundará en los resultados de la compañía y en todos nosotros.

Silvia y Patricia se pusieron manos a la obra y empezaron a redactar un documento que sirviera de guión para llevar a cabo las dos fases de su proyecto:

1. Elaboración del código de conducta.

2. Inclusión de los valores en los modelos de la evaluación del rendimiento y los sistemas que lo apoyen.

1. Sobre el código de conducta

Silvia le pidió a Patricia que antes de empezar con el plan le dejara compartir con ella algunos aspectos introductorios:

–Patricia, se está observando en las empresas en España algunos fenómenos que claramente van a determinar cambios profundos en el futuro: una traslación de la mano de obra clásica a trabajos de servicios y otras actividades del sector terciario en detrimento de los sectores manufactureros y primarios, en esto también convergeremos con Europa; una caída demográfica sin precedentes en nuestra historia que va a hacer que las personas cualificadas nacionales escaseen; como consecuencia de esto se produce una mayor individualización de las relaciones laborales provocada por la desaparición de los grandes conglomerados de empleadores (diversificación de negocios, tecnologías que reducen drásticamente el número de personas, *outsourcing*, teletrabajo, etc.), lo que está provocando que las reivindicaciones colectivas clásicas de salarios y jornadas dejen paso a otras más relacionadas con aspectos más sofisticados, como medio ambiente y condiciones de trabajo, satisfacción de los empleados (motivación, equilibrio vida personal/profesional); retorno a la sociedad desde las empresas de parte de sus beneficios (fundaciones, apoyo a ONG, involucración y apoyo a las instituciones). En este entorno –prosiguió Silvia– y a través de este cambio sociológico es como las empresas van a tener que gestionar su desarrollo. Así, cobrarán cada vez más importancia las prácticas de los códigos de conducta, que van a suponer un paso decidido hacia el compromiso y la transparencia en las empresas, hacia un entorno más humano y equilibrado dentro de las mismas y que, además, evitarán malos entendidos y conflictos innecesarios. En otro orden de cosas, desde hace más de 25 años hemos observado un gran cambio en las relaciones laborales y en la transferencia de conductas de las empresas multinacionales del mundo anglosajón, preferentemente americanas y británicas, a sus filiales españolas. En los últimos años está siendo habitual la expansión fuera de nuestras fronteras de las empresas nacionales, bien es cierto que todavía en algunos sectores muy determinados y en un ámbito geográfico muy concreto en la mayoría de los casos. Por otro lado, está la inmigración con la afluencia en los últimos años de un gran número de extranjeros que vienen a asentarse con sus familias, en clara contraposición con los típicos expatriados que aterrizaban en España por un período que normalmente no excedía de tres o cuatro años. Al hilo del movimiento anteriormente mencionado, las compañías multinacionales preferentemente las anglosajonas han trasladado todas sus políticas a sus subsidiarias/filiales en el resto de los países incluyendo en ellos a España. Un elemento diferenciador importante es el impacto de las leyes en la cultura de los pueblos, y eso, Patricia –dijo Silvia–, es algo que tenemos que tener muy presente. El mundo anglosajón es una sociedad regulada y regida por el *Common Law*, que desarrolla las leyes a partir de casos concretos que van sucediendo, mientras que en los países herederos de las leyes de la antigua Roma la conceptualización de las leyes tiene carácter genérico para después ser aplicado al caso concreto, con lo que se crean los códigos y leyes genéricas. Esto tiene su importancia a la hora de hablar de la implantación de los códigos éticos en las empresas. Algún ejemplo para entender el impacto que esto tiene en el día a día, Patricia, lo tenemos, por ejemplo, en los manuales de instrucciones de cualquier aparato en Estados Unidos, puesto que deben explicitar cuestiones que aquí nos pueden parecer cómicas o de perogrullo, como «no se pueden introducir animales domésticos en un microondas». Ríete, pero una ciudadana reclamó porque su gato había fallecido tras meterlo en el microondas y recibió una indemnización millonaria porque las instrucciones del fabricante no incluían explícitamente este aviso.

Patricia intervino diciendo:

–Cada vez en España nos parecemos más a los americanos y, por cierto, no sé quién redacta las instrucciones de esos aparatos pero no hay manera de entenderlos, ni en español, ni en inglés, ni en francés.

–Tienes razón, Patricia –continuó Silvia–, pero centrémonos en las empresas. ¿Te has parado a pensar, por ejemplo, en los miembros de los consejos de administración y más concretamente en los denominados «independientes»? Bueno, lo de independiente habría que revisarlo –prosiguió Silvia–, no sé yo cómo alguien va a ser independiente en un consejo de administración cuando es la propia empresa la que te paga y además te nombra el presidente a propuesta suya. Pero sigo con la explicación: otro paso que se ha dado ha sido el de la ampliación del concepto de *shareholders* por el de *stakeholders* a la hora de regular la ética y la conducta. En el primer caso quedan incluidos solamente los accionistas, mientras que en el segundo son también parte vital y activa del proceso los empleados, los socios estratégicos, los clientes, proveedores, instituciones financieras, la administración, los creadores de opinión y conocimiento y las comunidades locales. Como consecuencia de este primer paso es obvio que las materias que deben formar parte de los códigos de conducta han sido ampliadas exponencialmente y las consecuencias son, en algunos aspectos del gobierno de las empresas, digamos que impredecibles. En estos últimos años ha avanzado además mucho el concepto de que si tus empleados están motivados tus clientes estarán más satisfechos. Encontramos casos en los que este concepto se está imponiendo, por ejemplo, en alguna empresa de distribución española. Otro libro interesantísimo en este sentido, aunque de un estilo diferente al de Wilde, es el de Lior Arusy *Excelence Every Day,* donde aborda las experiencias de empleados y las consecuencias positivas que esa actitud tiene en los clientes. Pero centrándonos en lo referente a los códigos de ética o conducta en las organizaciones –concluyó Silvia mirando a Patricia, que no quitaba ojo y escuchaba con enorme interés la explicación, al tiempo que tomaba notas en su cuaderno–, estos deben tratar de cubrir aquellos aspectos que sean claves para los negocios. Los códigos de conducta deben ser la consecuencia y estar fundamentados en los valores y principios que soporten y apoyen la misión de la compañía.

Silvia inquirió entonces a Patricia:

–¿Cuáles crees que son algunos valores que podríamos considerar como valores comunes?

Patricia, después de tomarse unos segundos, comenzó a enumerar algunos a medida que le venían a su pensamiento:

–Integridad, honradez, imparcialidad, transparencia, respeto, igualdad o equidad, liderazgo... y alguno más que ahora quizá no se me ocurre.

–Fantástico –respondió Silvia–, es una primera aproximación realmente buena para empezar a caminar. Ya iremos realizando los cambios cuando empecemos a analizar con más detalle cada uno de ellos. Estos serán los que tengamos que desarrollar a través de las conductas asociadas a cada uno de ellos.

Silvia a continuación le comentó a Patricia que el siguiente paso sería definir aquellas materias o aspectos que deberían ser susceptibles de ser incluidos en el código de conducta.

–En la práctica –explicó– deberemos distinguir aquellas cuestiones que van a ser o bien deben ser incluidas en el código y aquellas que serán apoyadas o reguladas por políticas. Tenemos que entender que como objetivo deberían ser reguladas todas aquellas que tengan que ver con las interrelaciones que se producen entre los diferentes *stakeholders*. Por otro lado, y dado que en la mayoría de los casos, tanto en la fase de desarrollo e implantación como en el posterior seguimiento, muchas de estas prácticas van a estar relacionadas con personas de la compañía, desde el departamento de Recursos Humanos debemos asumir un papel muy activo en todo el proceso y ser los facilitadores del mismo.

2. De las palabras a los hechos a través de un programa de integridad

–Hasta ahora –prosiguió Silvia– tan solo un reducido número de líderes y directivos de empresas importantes era consciente de la importancia de elaborar un código ético de conducta para sus empresas y organizaciones. Incluso una parte de estos lo consideraba como un artículo de lujo que quedaba bien llevarlo puesto de cara a la galería.

–De puertas hacia afuera, para vender una imagen ante los diferentes agentes sociales y de la comunidad de negocios, pero sin preocuparse excesivamente de realizar una verdadera implantación en sus prácticas y procedimientos habituales, ni de difundirlo entre todas las personas que conforman el equipo humano de la empresa –interrumpió Patricia.

–Sin embargo –continuó Silvia–, a pesar de que la ética en los negocios existe como una disciplina de gestión desde los años setenta, a partir de los debates en torno a la globalización y la responsabilidad empresarial y a pesar de que el 90% de las escuelas de negocios imparte programas relativos al comportamiento ético y los principios del buen gobierno, para la gran mayoría de empresas aún sigue siendo algo irrelevante, envuelto en una serie de mitos que convierten esta disciplina, en el mejor de los casos, en un ejercicio de relaciones públicas con pocas intenciones de cumplir las habituales promesas de integridad, respeto, transparencia y solidaridad con la que se acostumbran a rellenar unos folios de supuesta identidad corporativa.

–Claro –intervino Patricia–, por eso a veces se producen estas situaciones tan esquizofrénicas en las empresas. Mira el caso de ese alto ejecutivo de Goldman Sachs que escribió un artículo en *The New York Times* sobre la pérdida de valores en su empresa y que por eso lo abandonaba.

–Efectivamente –apostilló Silvia–, pero de eso vamos a hablar un poco más tarde. Afortunadamente, las graves consecuencias empresariales acaecidas en el entorno de los negocios (económicas, sociales y políticas) derivadas de comportamientos no éticos están haciendo que los códigos de conducta y de buen gobierno ocupen un espacio cada día más importante en los consejos de administración y en las reuniones de los comités de dirección de las empresas, donde se está aprendiendo que las prácticas de buen gobierno y comportamiento son una garantía de estabilidad, de supervivencia a largo plazo y de crecimiento sostenible en el tiempo. Esto supone –continuó Silvia– la superación de la creencia clásica de que la ética estaba reñida con los negocios para transformarse en un profundo convencimiento de que valores éticos como la integridad, la transparencia o la responsabilidad social son el verdadero garante de los ingresos, de los beneficios, del control de costes derivados de comportamientos fraudulentos o corruptos, del uso eficiente de los recursos, de la reputación de marca, de la creación de riqueza y, en definitiva, de la propia supervivencia de una empresa. Al final los resultados son eso, resultado o consecuencia de una serie de acciones y comportamientos concatenados unos con otros y de ese flujo más o menos armónico se derivan los mismos. La búsqueda del resultado como fin y objetivo sin atender a los medios para utilizarlo es una garantía de fracaso.

–Pero eso no siempre ha sido y es así: conocemos muchos casos en que los resultados de algunas empresas son magníficos a pesar de sus comportamientos y actitudes nada éticas –objetó Patricia.

–Tienes razón –admitió Silvia–, pero, como en el ser humano, en las organizaciones se producen situaciones que no alcanzamos a comprender en un primer momento y que nos pueden confundir o apartar de la buena senda. Al final todas estas organizaciones acaban pagando un precio muy caro y su buena estrella desapareciendo, amén de los daños que van dejando por el camino. Este seguramente es uno de los grandes retos y de las convicciones que más debemos interiorizar para poder continuar, ya que es fácil caer en el desaliento o desánimo, pero a nosotras no nos va a pasar, ¿verdad? –dijo Silvia alzando una ceja–. Estamos entrando, por tanto, en un proceso de aceleración para transformar todos aquellos valores éticos que se afirman defender en los códigos de conducta, y en acciones concretas de comunicación y de formación, y orientarlos a conseguir un alto nivel de integridad en los comportamientos de los empleados y una verdadera coherencia entre el código y la conducta. Para ejecutar este proceso de transformación han proliferado los denominados programas de integridad, que constan básicamente de tres apartados: un código de conducta, un sistema de comunicación y formación y un procedimiento de asesoramiento y vigilancia del cumplimiento –apuntó Silvia–. El código de conducta que debemos implantar es un documento en el que se encuentran especificados los comportamientos que se esperan de los empleados, así como aquellas conductas que no pueden ni deben ser permitidas, representando los estándares de comportamiento que contribuyen a que la organización cumpla con sus objetivos de forma eficiente y eficaz. Uno de los problemas más comunes es la interpretación por parte de los empleados de que se trata de un reglamento obligatorio para ellos y más normas a cumplir; por ello, como veremos más adelante, la clave es tener un buen proceso de comunicación y sobre todo una involucración de todos en su elaboración. La función del sistema de comunicación y formación es la de dar a conocer el código entre todos los miembros de la empresa y capacitarles para que lo interpreten y apliquen adecuadamente y de una manera homogénea.

Silvia tomó aire para continuar:

–Por su parte, el procedimiento que se diseñe de asesoramiento y vigilancia tiene como fin, por un lado, verificar y auxiliar el cumplimiento del código ayudando a resolver dudas y, por otro, definir cuándo se ha desobedecido el código y, en su caso, las sanciones que se deberán aplicar, al tiempo que debe velar por los posibles cambios en su devenir. Para conseguir una verdadera implantación de un programa de integridad deberemos aplicar una serie de criterios y seguir unos determinados pasos que yo creo que son claves y que quiero compartir contigo, Patricia, para que me digas cómo los ves –prosiguió Silvia–, los criterios básicos para elaborar e implantar un programa de integridad los resumiría en cinco: liderazgo y visión a largo plazo, participación, coherencia, singularidad y aplicabilidad. Déjame que te explique un poco cada uno de ellos –le dijo a Patricia–. Uno de los elementos más importantes en la elaboración e implantación de un programa de integridad es el impulso, en forma de liderazgo y ejemplo, que ofrezcan los directivos de la organización. A lo largo de todo el proceso, ellos deben ser los responsables de llevar la iniciativa en la elaboración del código y de promover su implantación y las acciones de seguimiento del mismo. Se pueden presentar argumentos convincentes para poner en marcha un código de conducta, pero si las palabras no van acompañadas con hechos y no se predica con el ejemplo todas las energías que se inviertan serán inútiles. Por supuesto, dicho liderazgo deberá estar orientado a la creación de valor en el largo plazo. No solo se debe ser ejemplo sino ejemplar.

–Me parece fundamental este punto, Silvia –intervino Patricia–, pero, ¿cuál es la diferencia entre «ejemplo» y «ejemplar»?

–La diferencia es sutil, pero tremendamente relevante –respondió Silvia–. Uno puede ser ejemplo de algo, en positivo o negativo, y por tanto es un criterio bastante aséptico. En el caso que nos ocupa sería el que cumple la norma o el que no la cumple. Ejemplar sería el que se arroga un papel de exceder en positivo los requerimientos que cada norma espera. El segundo criterio, la participación, es un elemento consustancial asociado al éxito de la implantación de un código de conducta. Según algunos estudios, la gran mayoría de códigos de conducta en España, en torno al 80%, son elaborados por la alta dirección, pero se consigue una implantación más efectiva en la medida en que se hace participar a empleados de los diversos niveles y áreas funcionales de la empresa. Los datos revelan que, mientras que los directivos y empleados aportaron sus sugerencias en un 20% de los casos, tan solo el 5% se elaboraron con una amplia participación de los empleados. Eso sí, en el 20% de los casos participaron profesionales expertos independientes en la redacción del código –explicó Silvia–. La participación presupone comunicación y no mera información. Con la gestión adecuada de la participación y la comunicación la alta dirección está manifestando un compromiso con los empleados en primer lugar, y con todas las partes implicadas en general, que se convierte en la generación de un alto nivel de conciencia y de responsabilidad colectiva, y que se transforma en un hábito cotidiano de petición constructiva, de coherencia mutua entre lo que se dice defender y lo que realmente se defiende con los hechos –Silvia miró a Patricia y continuó hablando–. En relación con la coherencia, la redacción del código debe ser percibido por parte de todos los empleados como algo coherente con las actividades empresariales que la compañía realiza de cara al exterior y consistente con las prácticas habituales de gestión de recursos humanos, en lo que de puertas adentro se refiere. La coherencia es el pilar sobre el que se construye la confianza y la credibilidad, dos condiciones con las que tiene que contar la alta dirección y toda la cadena de mando de la organización para que el programa que se desea implantar sea creíble y, por lo tanto, aplicable. Por ejemplo, una empresa que declara tener valores ambientales y realiza actividades contaminantes no tiene credibilidad para implantar un código de conducta.

–Totalmente de acuerdo –asintió Patricia.

–Cada organización debe tener su propio código de conducta, único, específico y adecuado a sus integrantes y congruente con sus actividades y fines –prosiguió Silvia–. El código debe poner énfasis en los asuntos y problemas específicos de la empresa concreta, en la forma de prevenirlos y en las posibles soluciones. Durante mucho tiempo se ha abusado del «copia y pega» de otras organizaciones y es evidente que cuando se trata de los comportamientos de las personas en sus compañías hay que profundizar más y no quedarse en la letra, sino entender el espíritu que pretende transmitir. Eso significa singularidad. Finalmente llegamos al criterio de aplicabilidad. Para que no se convierta en papel mojado olvidado en un estante, el código de conducta debe contemplar mecanismos que aseguren su efectiva aplicación, llegando a todas y cada una de las personas de la compañía; en definitiva, todas las personas son responsables de su comportamiento. El éxito de los objetivos de una empresa se halla en la aportación de cada individuo al fin colectivo. Debe ser lo suficientemente claro y preciso para que se puedan distinguir las conductas éticas de las que no lo son y permitir tanto el reconocimiento de los comportamientos excepcionalmente positivos como la aplicación de la sanción correspondiente en caso de incumplimiento de los preceptos recogidos en el código. Patricia, recuérdame que antes de terminar esta sesión abordemos un punto esencial de este apartado –se interrumpió Silvia–. Ahora es importante que abordemos la parte más logística de la elaboración de nuestro plan de integridad, y creo que este aspecto, con la experiencia que tú tienes en desarrollo de proyectos y lo que hasta ahora hemos hablado, puedes abordarlo perfectamente –comentó Silvia extendiendo sus brazos e invitando a Patricia a que liderara esta parte.

Patricia, como era de esperar, aceptó el reto con un sentimiento de orgullo por la oportunidad que Silvia le concedía, pero con una cierta preocupación y algo de vértigo ante la primera prueba a superar que se le presentaba delante de su nueva jefa.

–Entiendo que con lo que hemos comentado –inició Patricia– la ejecución del programa de integridad debería comprender los siguientes cuatro pasos que deberían ser fundamentales para asegurar su éxito:

1. Definición de una estructura de equipos de trabajo.

2. Redacción del código de conducta:

   • Análisis de la empresa: misión, visión, cultura, políticas, procedimientos.

   • Identificación de las áreas críticas.

   • Definición de los comportamientos de riesgo.

3. Comunicación y formación.

4. Asesoramiento y vigilancia del cumplimiento.

Patricia pasó entonces a explicar uno por uno cada punto antes mencionado.

Definición de una estructura de equipos de trabajo

Patricia empezó por el primero de los puntos:

–Constituir un comité de coordinación del programa que se encargará de conducir todo el proceso, de organizar y coordinar los equipos de trabajo, de elaborar un plan de trabajo y un calendario de ejecución, de redactar una primera versión del código de conducta, de definir las acciones de comunicación y formación y, finalmente, de establecer los mecanismos de asesoramiento para resolver dudas y supervisar el cumplimiento del programa. Este comité se encargará de constituir una estructura de equipos de trabajo con una muestra amplia de empleados de todas las áreas funcionales y representativa de los diversos niveles de responsabilidad. Debemos procurar que este comité esté conformado de manera transversal para asegurar que se aborden los diversos procedimientos y actividades de la compañía y que representa a los diferentes colectivos de la empresa, incluyendo la representación social de la compañía. Asimismo, creo que es aconsejable la intervención de un experto externo a la empresa que aporte otras visiones, recomendaciones de buenas prácticas y la objetividad e imparcialidad asociada a la no pertenencia a la compañía.

Redacción del código de conducta

Acto seguido, Patricia continuó:

–Antes de iniciar la redacción del código y la puesta en marcha de los equipos de trabajo es necesario que analicemos la misión y la visión de la compañía y situarlos como referencia con la que debe ser congruente la elaboración del código de conducta. Asimismo se recogerán las políticas, prácticas y procedimientos más importantes y se someterán a un contraste y análisis de consistencia interna con los comportamientos éticos que definitivamente se plasmen en el documento. El siguiente paso será identificar las áreas que son críticas propias de cada caso específico, aunque supongo que como en muchas otras organizaciones coincidirán algunas zonas de riesgo, siendo las más frecuentes el manejo de la información; el conflicto de intereses; el uso de recursos materiales y financieros, la seguridad, la salud y el medio ambiente; las relaciones entre los miembros del grupo y las relaciones con la administración. Una vez identificadas las áreas de riesgo específicas deberemos señalar las conductas concretas que se desean evitar. Estas deberán ser observables y evaluables, de acuerdo con los criterios éticos que hayamos definidos para la compañía; deben también ser representativas de la actividad de la empresa, factibles de que ocurran pero que se desean evitar –prosiguió Patricia–. Realizados los pasos descritos hasta el momento, el comité de coordinación estará en condiciones de elaborar el primer borrador y de hacer participar al mayor número posible de miembros de la organización para que aporten sugerencias y propuestas. Por otra parte, es necesario que establezcamos plazos periódicos para la revisión del código, estando atentos a los cambios sociales y legales. El código deberá ser un documento vivo susceptible de modificación en la búsqueda del interés colectivo. Un código que se congela es un código muerto –sentenció Patricia–. En ningún caso el código debe tener un carácter exclusivamente sancionador, sino de esclarecimiento y transparencia de las relaciones. Es por ello imprescindible la participación de todos los estamentos de la compañía.

Comunicación y formación

Patricia continuó con su explicación:

–Para que el código de conducta se cumpla es necesario que todos los integrantes de la empresa lo conozcan, de manera que sean capaces de interpretarlo en el momento de desarrollar sus actividades diarias o en situaciones nuevas que se puedan presentar. La capacitación puede materializarse de formas muy diversas, que van desde sesiones de información a cursos de formación en los que los asistentes se ven impelidos a intervenir en simulaciones, que implican una elección de comportamiento que después es sometido a valoración ética según el código de conducta propio de la empresa en cuestión. Por otra parte, es recomendable imprimir y publicar los detalles del programa de integridad para ser distribuido internamente y a las partes externas implicadas que proceda, así como incluirlo en las páginas web corporativas y en la intranet de la empresa, y también en los documentos en los que se considere relevante la inclusión del código completo o algunos fragmentos o capítulos del mismo.

Asesoramiento y vigilancia del cumplimiento

–Por último –prosiguió Patricia–, ningún código, por completo que sea, es capaz de prever todos los escenarios que puedan presentarse y su casuística, por lo que debe formarse un comité asesor que en caso de duda pueda resolver los problemas que se planteen. Al mismo tiempo, este comité asesor debería encargarse de recibir quejas o denuncias en el supuesto de que alguna persona estuviera violando el código de conducta establecido. En algunos casos se deben contemplar mecanismos de denuncia anónimos y dispositivos de protección para denunciantes que aseguren que no se verán afectados por la denuncia realizada. También se deberían recoger mecanismos de reconocimiento para aquellos que han mostrado algún comportamiento ejemplar y significativo.

–¡Fenomenal, Patricia! –intervino Silvia–. ¡¡Cómo se nota que tienes una dilatada experiencia en lanzamiento de proyectos!! Yo hubiera sido incapaz de desarrollarlo y sintetizarlo mejor. Vamos a ponernos manos a la obra; si te parece preparamos el calendario y nos ponemos a desarrollar cada uno de los puntos y empezamos nuestra labor de adoctrinamiento para enrolar a todas las personas que nos interesa incluir en este proyecto para que sea exitoso. Como a muchos los tendrás que abordar tú directamente déjame que te comente algunos puntos a incluir en nuestro argumentario para que consigamos despertar su interés:

- Las organizaciones que cuentan con códigos de conducta y con programas para su aplicación reducen los riesgos de incurrir en costes derivados de comportamientos fraudulentos o corruptos, aumentan la reputación de su marca y su capacidad para ser compañías donde las personas desean trabajar y desarrollarse profesionalmente y para mantener a los empleados comprometidos y fuertemente vinculados con la organización.

- Cuando la redacción, la elaboración, la comunicación y los programas de formación de un código de conducta se gestionan con el mismo rigor que el resto de actividades empresariales, el código de conducta y los valores que recoge funcionan como un verdadero catalizador y facilitador de la sostenibilidad de la empresa para todas las partes implicadas:

  - Los accionistas e inversores e instituciones financieras, actuales y potenciales, que son atraídos por empresas bien gestionadas y gobernadas que protegen sus activos intangibles con políticas y prácticas medioambientales y sociales respetuosas y proactivas.

* Los socios estratégicos que buscan alianzas con empresas que consiguen con sus actuaciones transmitir confianza y credibilidad.

* Los clientes que, en definitiva, son los que con sus opciones de compra influyen de manera directa e inmediata en la cuenta de resultados de la empresa.

* La administración en todos sus diferentes niveles –internacional, estatal, autonómico y local– por su poder regulador y de compra.

* Los creadores de opinión y conocimiento –medios de comunicación, ONG, universidades, comunidad científica– que ejercen su capacidad de influencia para transformar o mantener la percepción que la sociedad tiene de las actividades de una empresa.

* Y, por supuesto, la vertiente de los empleados, ya que, al compartir con todos ellos valores y objetivos coherentes, se sentirán parte implicada en la empresa y su vinculación irá más allá de la simple relación contractual para contribuir de forma relevante con su compromiso e involucración emocional a la consecución de los objetivos de la empresa y, en consecuencia, a la creación persistente de valor.

–Para concluir –continuó Silvia–, este es un camino que diferenciará a las compañías sostenibles y con buenos resultados auténticas protagonistas de la revolución de los valores de las demás. No se trata de vestir con apariencia más o menos rimbombante una herramienta, sino de usarla en beneficio de todos los componentes de la organización. Asimismo, Patricia, es importante destacar que este es un camino en el que el retorno será prácticamente imposible y que conviene medir los progresos y adecuarlos al entorno para no provocar convulsiones en la empresa por no haber podido acompañar la letra con los actos. Por último, Patricia, y como un objetivo a medio plazo, pero que debemos abordar, es el segundo capítulo que comentamos al inicio y que pondremos en marcha para cerrar el círculo una vez que hayamos terminado el plan del código de conducta y haya sido interiorizado y rodado. Y es que o integramos después estos comportamientos en el sistema de evaluación del rendimiento y lo vinculamos a las acciones retributivas o todo el esfuerzo puede ser estéril.

–A ver, Silvia –interrumpió Patricia–, ahí ya me he perdido, creo que estás yendo muy deprisa y no te sigo.

–Patricia, la evaluación del rendimiento tiene algunos aspectos vinculados directamente a la retribución. Muchas empresas evalúan los objetivos de cada empleado y lo vinculan al variable; hay otras que han ido un paso más allá y vinculan las retribuciones fijas y sus modelos retributivos con una evaluación del desempeño vinculada al efectivo desarrollo de las funciones y/o responsabilidades. Además hay algunas que dan un paso más decidido, y tremendamente efectivo, que es incluir e integrar la evaluación de los valores como parte de los modelos retributivos. Una vez me dijo un buen amigo mío hace ya mucho tiempo –continuó Silvia– que hablar de integridad cuando no te ha costado dinero está muy bien, pero que la verdadera integridad se demuestra cuando defender ese valor o cualquier otro similar te toca el bolsillo; eso es ejemplo y conducta ejemplar como antes hablábamos. Para esto debemos andar un largo camino todavía. Tendremos que definir un plan y un calendario y poner en marcha un sistema de 360° *feedback* de valores que nos permita también desarrollar planes de desarrollo individualizados de aquellos comportamientos que cada uno tenga que mejorar.

–¡¡Uff, Silvia!! –intervino Patricia–, me están dando mareos y un poco de vértigo solo de pensarlo.

–Patricia –insistió Silvia–, parte del trabajo ya lo tenemos montado gracias a la tarea previa que tú has realizado con los planes de desarrollo y el incipiente mapa de competencias que ayudará a nuestros gestores a entender y aceptar el proceso. Te aseguro –comentó Silvia para terminar– que hoy hemos dado un gran paso, no como el primero del ser humano en la Luna pero seguro que muy relevante. Voy a salir tremendamente satisfecha de esta reunión y con la confianza y certeza de que con tu liderazgo vamos a conseguirlo. Te agradezco mucho tu disponibilidad, entusiasmo y profesionalidad. Si te parece podemos dar por concluida la reunión, salvo que tú me digas lo contrario o bien quieras que comentemos algo.

Patricia, con una cara que manifestaba al mismo tiempo satisfacción y preocupación, le dijo:

–Silvia, estoy como si hubiera subido al Everest, exhausta por el esfuerzo y la dificultad de conseguirlo, faltándome un poco de aire para poder llenar los pulmones completamente, pero con la alegría de tener ante mí una vista impresionante del mundo desde una atalaya inigualable. Gracias por darme la posibilidad de vivirlo y experimentarlo. Espero sinceramente no defraudarte y estar a la altura del reto que tenemos y que va a requerir también un alto grado de resistencia a la frustración.

–Efectivamente Patricia, –concluyó Silvia–, a eso ahora lo llaman resiliencia. Parece que cada vez cosificamos más al ser humano, ya que la resiliencia es una propiedad aplicable a los materiales que ahora tratan de trasladar a las personas. Intentaremos encontrar una palabra más acorde para definirlo.

Terminaron la reunión citándose para después de una semana y ver los progresos y avances que de acuerdo al calendario que habían establecido se produjeran. Silvia caminó con paso firme y decidido, con ese aire que nos impulsa a todos cuando tenemos la sensación que hemos conseguido superar una barrera u obstáculo casi insalvable. Silvia sentía que había conseguido dos grandes hitos, el romper el mito en una de sus colaboradoras sobre la importancia de los valores, y comprobar que contaba con otra persona de su equipo alineada, motivada y con ganas para transformar la organización. Sentada en su mesa, y en una postura habitual en ella, mirando a través de las ventanas, veía el futuro de la organización como los aviones que despegaban a lo lejos desde el aeropuerto no muy lejos del edificio donde se ubicaba la oficina de su empresa. Antes de abordar otro de los temas que esperaban en su mesa, se dijo, despegamos y el vuelo es transoceánico pero al menos la tripulación está preparada y capacitada para la travesía.

EN RESUMEN

- Cuando uno habla de otro, de quien está hablando realmente es de sí mismo. Eso también es aplicable a las organizaciones y a las personas que componen la empresa.

- En numerosísimas ocasiones las organizaciones contratan a los profesionales y directivos por sus aptitudes y los despiden, o estos se marchan, por las actitudes.

- Hay empresas que muestran externamente una apariencia fantástica sin embargo su organización interna es de enorme deterioro, trasladando una angustia interna a los componentes de la organización.

- El objetivo debe ser planteado en dos fases, una primera en la que se debe desarrollar un código de conducta, algo que identifique los valores y comportamientos esperados y que se vaya interiorizando, y después una segunda fase en la que para que de verdad esto tenga sentido se vincule una evaluación sobre valores, y que esta forme parte fundamental del sistema de evaluación de rendimiento.

- En una primera fase en la elaboración del código de conducta se deben abordar dos aspectos fundamentales:

  1. La definición previa de los valores que serán susceptibles de análisis y comprobación.

  2. La inclusión de las actividades que incluyan a todos los *stakeholders* o grupos de interés

- En el código de conducta debe haber una coherencia total entre el código y la conducta. Los denominados programas de integridad se suelen componer de tres elementos:

  1. Código de conducta.

  2. Sistema de comunicación y formación en integridad.

  3. Procedimiento de asesoramiento y vigilancia del cumplimiento del código.

- Los criterios básicos para la implantación de un programa de integridad se pueden resumir en:

  1. Liderazgo y visión a largo plazo.

  2. Participación.

  3. Coherencia.

  4. Singularidad.

  5. Aplicabilidad.

- Los pasos para la implantación de un programa de integridad son:

  1. Definición de una estructura de equipos de trabajo.

  2. Redacción del código de conducta:

- Análisis la empresa: misión, visión, cultura, políticas, procedimientos.

- Identificación de las áreas críticas.

- Definición de los comportamientos de riesgo.

3. Comunicación y formación.

4. Asesoramiento y vigilancia del cumplimiento.

6

«¡No hacen lo que yo digo!»… Porque hago lo que hago
Eugenio de Andrés

La cuarta planta del edificio estaba prácticamente a oscuras. Solo una luz rompía aquel impoluto negro, y provenía del despacho de Silvia. Era tarde pero quería darle un empujón a los muchos temas que tenía abiertos. Esa nueva empresa se le estaba resistiendo, pero ella no estaba dispuesta a rendirse.

Un extraño ruido distrajo a Silvia del plan de comunicación interna que estaba diseñando. Tras levantar la vista del portátil, fijó su mirada en la tupida oscuridad tratando de escrutar las vagas formas que apenas intuía, cuando de repente, de entre las sombras, apareció un hombretón enorme, que como una exhalación se desplomó en la silla frente a su mesa.

–¡Benito, qué susto me has dado! –exclamó Silvia con el corazón en un puño.

Benito era un tipo muy grande, desaliñado y brusco. Era uno de los principales directivos de la organización, director financiero y un serio candidato a suceder al consejero delegado, el futuro de la empresa. No era mala persona, sino todo lo contrario, pero tenía un carácter tan terrible que la mayoría de la gente no llegaba nunca a darse cuenta.

–Vamos, Silvia, que no es para tanto... –le espetó Benito mientras curioseaba los papeles de su mesa–. ¿Qué tontuna de esas que tú haces te tenía tan concentrada?

—¿Cómo puedes ser tan buena persona y tan desagradable a la vez? —respondió Silvia.

—Mujer, no te lo tomes a mal, es que no creo mucho en los Recursos Humanos. A las personas hay que decirles lo que tienen que hacer, pagarlas si lo hacen bien y echarlas si lo hacen mal, ¿dónde está la complicación? —Benito nunca se andaba con medias tintas, de hecho, su franqueza y su firmeza intimidaban con facilidad a las personas que trabajaban con él.

Silvia respiró hondo, decidió correr un tupido velo y contarle en lo que estaba trabajando.

—Pues estaba preparando un plan de comunicación interna, ya que según el estudio de clima que he realizado la plantilla está muy des-motivada y poco enganchada con el proyecto y uno de los principales motivos está en que no conocen la estrategia de la compañía ni com-prenden sus decisiones.

—Desde luego estoy de acuerdo en que la gente no da todo lo que pue-de. Yo personalmente tengo muchos problemas con mi equipo porque no está a la altura de las circunstancias —confesó Benito—. Lo he pro-bado todo: reunirles en grupo y dejar en evidencia a quien no cumple delante de todos, hablar con ellos individualmente y decirles lo que no hacen bien... Ya no sé qué más hacer.

—Hombre, Benito, deberíamos intentar otras soluciones. Algunas las puedo poner en marcha yo desde Recursos Humanos pero otras dependen de la gente como tú que dirige personas —apuntó Silvia pensando que había conseguido llevarle a su terreno. Pero nada más lejos de la realidad. Benito frunció el ceño, y comenzó a negar con su cabeza.

—Olvídate, Silvia, he llegado a la conclusión de que no tengo más remedio que sacar el látigo y estar encima de ellos todo el día para que hagan bien su trabajo. Si ellos no asumen su responsabilidad, la supliré con exigencia —y diciendo esto Benito salió de su despacho, dejándola con la palabra en la boca.

Sin duda tenía un problema nuevo. Uno de los que podían echar por tie-rra todos sus esfuerzos.

1. El contexto directivo actual

En un entorno social, económico y político altamente complejo y dinámico resulta muy arriesgado precisar qué logros van a determinar, a medio plazo, el valor de una entidad. Sin embargo, parece sensato pensar que el futuro de una organización va a estar determinado tanto por los objetivos cuantitativos alcanzados como también por la confianza que haya sido capaz de generar en sus diferentes *stakeholders:* clientes, profesionales, accionistas, proveedores…, en definitiva, por su contribución al futuro económico y social de las personas y grupos con los que interactúa. El modelo de liderazgo que hace posible esa contribución de valor en los entornos en que actúa tiene como núcleo central la orientación a resultados. Liderar es, en última instancia, conducir a la organización a unos resultados óptimos, entendiendo por tales aquellos que incrementan el valor de la organización. La consecución de esos objetivos (según se definan) es, pues, la gran misión que tienen encomendados los equipos directivos (misión entendida como el por qué y el para qué). Pero claramente, y a tenor de la crisis en la que nos hemos visto inmersos, no es válido hoy en día conseguirlos de cualquier forma. Desde esta perspectiva resulta evidente que la obtención de los resultados está íntimamente relacionada con la capacidad y calidad de los directivos de la organización en los diferentes ámbitos de su actuación. Estos ámbitos se pueden agrupar, fundamentalmente, en dos:

- Dominio de los procesos-gestión: este plano reúne aquellas áreas de especialidad relacionadas con la innovación, la optimización de recursos, el diseño de estrategias, así como su materialización.

- Dominio de las interacciones-liderazgo: este ámbito de dominio aglutina conocimientos y habilidades en dirección de equipos, la motivación y vinculación de personas, creación de relaciones de valor y comunicación eficiente.

Es decir, que ser directivo no es solo ser un gestor, sino que implica otras muchas áreas de dominio, más cercanas al arte que a la ciencia, que son las que permiten movilizar voluntades, las que hacen que la gente nos quiera seguir incluso más allá de la razón, las que logran forjar el compromiso y la lealtad.

Por otro lado, si buscamos el *Diccionario de la Lengua* de la Real Academia Española la definición de «directivo/-a» encontraremos: «que tiene facultad o virtud de dirigir». Si, a continuación, buscamos «dirigir» aparecen hasta diez acepciones, entre las que podemos destacar las siguientes:

- «Enderezar, llevar rectamente algo hacia un término o lugar señalado».

- «Guiar, mostrando o dando las señas de un camino».

- «Encaminar la intención y las operaciones a determinado fin».

- «Gobernar, regir, dar reglas para el manejo de una dependencia, empresa o pretensión».

- «Aconsejar y gobernar la conciencia de alguien».

- «Orientar, guiar, aconsejar a quien realiza un trabajo».

- «Dedicar una obra de ingenio».

- «Aplicar a alguien un dicho o un hecho».

- «Conjuntar y marcar una determinada orientación artística a los componentes de una orquesta o coro, o a quienes intervienen en un espectáculo, asumiendo la responsabilidad de su actuación pública».

Ligado, pues, al concepto de dirigir, además de las diferentes habilidades que se tienen que dominar, vemos la cantidad y variedad de actuaciones que un directivo debe acometer.

Si no estuviéramos familiarizados con el entorno directivo probablemente nos surgiría una pregunta: «¿existen, en realidad, personas con estas capacidades o más bien estamos hablando mitos, algo así como el Universo Marvel, donde existe un grupo especial de elegidos que tienen una suerte infinita de superpoderes?». Con esto no quiero ofrecer excusas a los directivos que desempeñan su función de forma ineficiente o inadecuada, sino contextualizar esta reflexión en dos sentidos:

- La función de dirigir es compleja y clave, pero a pesar de ello no se dedica el tiempo suficiente a explicar su alcance, ni a formar en toda su extensión a las personas que la deben ejercer.

- No todo el mundo vale para ser directivo. Los buenos técnicos no tienen por qué ser buenos liderando un equipo, pero aun así la mayoría de los planes de desarrollo implican ascensos jerárquicos. Es por ello que por culpa de profesionales y organizaciones el principio de Peter sea una triste realidad en muchas empresas, donde cada persona asciende hasta su máximo nivel de incompetencia.

***

¡Otra vez le habían dado las nueve! Era la tercera ocasión esta semana, pero por fin había terminado. Llevaba casi dos semanas trabajando en un programa de desarrollo directivo para todos los mandos de la organización, empezando por el comité de dirección. Aquella conversación con Benito le había marcado. Le había hecho ver uno de los principales frenos a la transformación de la organización, el escollo en el que estaban encallando muchas de sus iniciativas.

Pero tenía la solución: había diseñado un programa para homogeneizar el estilo de dirección de la casa, para convertir a los gestores en líderes, creando verdaderos hábitos directivos que ayudarían a dar la vuelta a la empresa. Estaba muy orgullosa del resultado: trabajo en equipos para diseñar el estilo de dirección corporativo, sesiones presenciales para provocar el cambio de actitudes, un modelo de píldoras *online* en base a las necesidades personales identificadas en los talleres, y sesiones de *coaching* para los puestos clave. ¡Espectacular!

No podía esperar al día siguiente, así que decidió adelantárselo a Benito por correo electrónico para que viera la utilidad de un buen enfoque de Recursos Humanos. Seguro que al leerlo lo entendería, y él más que nadie lo valoraría. Con este programa se podrían resolver los problemas con su equipo y con el resto de equipos de la empresa.

Con entusiasmo, pulsó «enviar» tras escribir un breve texto explicativo y adjuntarle el PowerPoint con la descripción del programa.

Era tardísimo, así que se puso a recoger sus cosas para marcharse a casa, y justo cuando iba a apagar su equipo sonó la campanita que le avisaba de que acababa de entrar un nuevo correo. No pudo resistir la tentación y entró en Outlook a ver qué era.

¡Era de Benito! ¡Le había contestado en el momento! Seguro que le escribía dándole las gracias. Pinchó en el correo y al leerlo se quedó helada:

> De: Benito Carrizosa
> Para: Silvia Pradera
> Asunto: Re: Programa de Desarrollo Directivo
> Silvia, gracias por tu esfuerzo pero no lo veo viable. Los miembros del comité de dirección estamos suficientemente preparados, por eso hemos llegado a formar parte de él. Además nuestro tiempo es muy valioso para desperdiciarlo en esto.
> Un saludo

¡No se lo podía creer! ¡Había despreciado el trabajo de dos semanas en apenas tres minutos! Estaba indignada. ¡Este hombre era un insensible cavernícola!

De repente se dio cuenta de que el correo no tenía la firma «enviado desde mi iPhone»: eso quería decir que Benito estaba todavía en su despacho. El enfado de Silvia era monumental, así que decidió decirle a Benito lo que pensaba en persona y dando un golpe sobre su mesa con ambos puños se levantó como un cohete.

Efectivamente Benito se hallaba sentado en la mesa de su enorme y sobrio despacho, contestando su interminable lista de correos, cuando Silvia irrumpió con firmeza pero en silencio.

–¡Hombre, Silvia…! –intentó decir Benito, pero le fue completamente imposible ya que ella le interrumpió casi en el acto.

–¡Benito! –gritó Silvia–. Bajo la bandera de «estoy muy ocupado» se esconde un implacable enemigo de las organizaciones, el ego, que les impide reconocer sus puntos débiles y sus áreas de mejora. En realidad cuando los altos directivos dicen que no tienen tiempo para ir a un programa formativo nos están diciendo: «¡cómo voy a ir yo a un curso! ¿Qué van a pensar de mí? ¿Estás insinuando que no sé? ¡El capitán sabe lo que se hace!». Decía el filósofo que nunca podrás bañarte dos veces en el mismo río, porque la segunda vez que lo intentes el río será otro y el agua será diferente. Todo cambia, nada permanece, y en la época tan exponencial que nos ha tocado vivir la reflexión de Heráclito cobra un sentido aún más evidente, porque la velocidad a la que ocurren los acontecimientos y a la que las organizaciones se deben adaptar a ellos es la mayor de la historia de la humanidad. Y justo en este entorno tan mutante por el incesante cambio, los altos directivos no necesitan aprender, justo cuando los métodos están en permanente reinvención, los líderes de las organizaciones no necesitáis actualizaros. ¡Qué curioso! –Benito la observaba ojiplático y perplejo, mientras Silvia se iba calentando cada vez más–. ¿Sabías que los directivos norteamericanos pactan por contrato el número de jornadas de formación que van a tener al año? Debe de ser que son peores ejecutivos que los de nuestra compañía. Ellos exigen antes de fichar unos mínimos de formación y actualización de conocimientos anuales en intensidad y calidad, mientras que otros ponen cualquier excusa para no aprovechar las que se diseñan para ellos. Todo es más importante que tener los conocimientos necesarios para comprender cómo funcionan los equipos de alto rendimiento o para aprender a motivar a las personas. Todo es más urgente que perfeccionar o desarrollar básicamente en muchos casos sus habilidades para liderar, comunicar o negociar. ¿Quién las necesita siendo el miembro más relevante del comité de dirección, no? –Silvia continuó, indignada–. Benito, ¿tú juegas al golf, verdad? Pues Nick Faldo, uno de los mejores jugadores de golf de los últimos tiempos, cuando le preguntaron tras ganar el Masters de Augusta si había llegado a lo más alto de su carrera, contestó: «Nunca nadie es lo suficientemente bueno». ¿Lo entiendes? ¡NUNCA NADIE ES LO SUFICIENTEMENTE BUENO!

Silvia cogió aire; no quería perder los papeles, pero pensaba terminar lo que había empezado.

–Benito, esta frase de Faldo recoge una filosofía de superación constante que le ha llevado a lo más alto del mundo del golf y es extrapolable a cualquier profesional, independientemente de cuál sea su especialidad. Con la humildad de este campeón debemos afrontar, tú y todos los miembros del comité de dirección, los nuevos retos de la compañía. Formarse no te hace más débil, sino más fuerte, no menoscaba tu autoridad sino que te hace mejor líder.

Silvia se dio la vuelta y salió del despacho de Benito, pero antes de que las sombras la abrazaran por completo se dio la vuelta y en tono muy cercano le dijo: «por favor, Benito, no dejes que tus miedos impidan que podamos mejorar todos».

A la mañana siguiente Silvia llegó a su despacho muy temprano. No había podido pegar ojo en toda la noche. El incidente con Benito le había afectado mucho. Por un lado porque implicaba tirar por tierra todo su esfuerzo de las últimas semanas, y por otro por las consecuencias que podía tener en su continuidad en la empresa. No podía olvidar que Benito era de facto una especie de director general adjunto y que enfrentarse a él, además de la forma en que lo había hecho, podía suponer el punto final. «¿Cómo pude perder los estribos de esa manera?»: esta pregunta resonaba una y otra vez en su cabeza, de forma que le era imposible concentrarse en ninguna cosa.

De pronto su mente se quedó en blanco, y un escalofrío recorrió su espalda. Benito estaba de pie en la puerta de su despacho.

–¿Se puede? –dijo seriamente mientras cerraba la puerta tras de sí.

Apenas un tímido «claro» atinó a salir de sus nerviosos labios.

–Silvia, lo de anoche fue inaudito. Nunca nadie me había hablado así. Me dijiste cosas muy duras y en un tono…

–Discúlpame, estaba muy cansada y perdí los nervios –trató de responder Silvia sin éxito.

–Por favor, no me interrumpas. No me hagas esto más difícil. Nadie se ha atrevido a hablarme así… porque me tienen miedo. A pesar de tu enfado fuiste capaz de decirme verdades incómodas que me han hecho pensar mucho.

Las cejas de Silvia se levantaron tanto que casi se salen de su cara.

–Tienes razón. El miedo a mostrar mis debilidades me está impidiendo mejorar. Creía que al estar al frente de un equipo tan grande debía mostrarme siempre seguro, siempre firme, no mostrar fisuras por las que pudieran atacarme, y no me daba cuenta de que esa actitud se estaba convirtiendo en mi propia debilidad. Tú me hiciste verlo anoche. Y probablemente esta forma de comportarme esté condicionando a la gente que me rodea, ¿no?

–Sin… duda –asintió Silvia, asombrada.

–Por ese motivo, y dado que has sido capaz de llegar a mí a través de mi espinosa forma de ser, te voy a pedir que me ayudes a mejorar como directivo, para poder convertirme en el líder que debo ser. A cambio voy a apoyar decididamente tu propuesta del programa de desarrollo directivo. ¿Aceptas?

–¡Encantada! –respondió de forma casi inmediata Silvia, vistiendo su cara con una radiante sonrisa.

–Eso sí, te pido que no vuelvas a utilizar el tono de anoche conmigo. No me hizo sentir bien.

–Pero… –intentó argumentar Silvia, pero Benito la volvió a interrumpir.

–Sí, lo sé, es como yo trato a todo el mundo normalmente. Nunca lo había visto desde su punto de vista y ayer gracias a ti lo experimenté en mi propia persona. Prometo cambiar. No creo que hacer sentirse así a la gente les ayude a trabajar mejor.

Y diciendo esto Benito salió como había entrado del despacho de Silvia, rápido y dejándola sin palabras.

Nunca una reunión en la que ella hubiera dicho tan poco la había hecho sentirse tan bien.

2. Pasión por las personas

Hoy nadie se extraña si un directivo afirma que la gente es su recurso más importante, su principal activo. Podríamos echar un vistazo a esos bonitos cuadros con los principios de la compañía que adornan infinidad de salas de reuniones y veríamos cómo uno de ellos también se refiere a la importancia de las personas. ¿Tienen interiorizado este aspecto las empresas para las que trabajamos? ¿Y las qué nos rodean? Yo creo que no y además pienso que la mayor parte de las empresas cuentan con muy pocos profesionales, siendo generoso, que se identifiquen con la empresa, que estén orgullosos de trabajar en ella, que sientan los colores...

Por ello me gustaría traer a colación unas pequeñas reflexiones que ponen la pasión por las personas como eje central del futuro de cualquier empresa:

- Yvon Chouinard, fundador de la compañía Patagonia, decía: «es imposible hacer un producto de mucha calidad sin tener a la vez un entorno de trabajo de mucha calidad. Todo está ligado: producto de calidad, servicio al cliente de calidad, puesto de trabajo de calidad y calidad de vida de tus empleados».

- Juan Roig, presidente de Mercadona, tiene un lema que sirve de motor en su cadena de supermercados: «personas fieles y contentas consiguen clientes fieles y contentos».

- Kenneth Blanchard complementaba: «si tratamos a aquellos que atienden al cliente como si fueran las personas más importantes de la empresa, ellos tratarán a los clientes como si fueran las personas más importantes del mundo. Si los profesionales de la empresa son tratados como ganadores y se perciben a sí mismos como ganadores, la satisfacción del cliente y la productividad vendrán naturalmente».

- Southwest Airlines: mi amiga Maite Crespo, de Todoyoga, me recordó en el blog www.blogtoptenhrs.com otro buen ejemplo de cómo es la filosofía de esta línea área, que se dirigía a sus personas en los siguientes términos: «nos comprometemos a procurar a nuestros empleados un entorno de trabajo estable con igual oportunidad para el aprendizaje y el crecimiento personal. Promovemos la creatividad y la innovación para mejorar la eficacia de Southwest Airlines. Pero sobre todo a los empleados se les tratará con la misma atención, respeto y amabilidad dentro de la organización como se espera que se comporten externamente con cada cliente de Southwest».

¿Y cuál es la llave del éxito? Pues igual que con los clientes. Conseguir que la pasión por las personas cale en los directivos de la organización y tratando a cada persona como nos gustaría que nos tratase nuestro jefe.

Es necesario, e inteligente, que construyamos empresas donde prime la sonrisa, el mirarse a la cara para decirse las cosas (buenas y malas), la confianza en el otro sin pensar en que se estará escaqueando; donde dediquemos tiempo a las personas, a dirigirlas, corregirlas, formarlas, reconocerlas; donde no digamos «no me vale Fulanito» hasta haber puesto realmente toda nuestra capacidad directiva en aprovechar todo su potencial; donde nos alegremos de los éxitos del equipo. Diseñemos lugares donde no hablemos de «empleados» (cuya primera acepción en el diccionario es «usados») sino (como hace Starbucks) de *partners* o socios.

Una gran parte del éxito de las organizaciones se mide por la calidad de sus directivos: si estos consiguen el doble compromiso, es decir, la «pasión por los clientes y la pasión por sus Personas», no habrá quién les pare, ni a ellos ni a sus empresas.

Y esto no es difícil, es cuestión de ir paso a paso, de ir sin prisa pero sin pausa.

3. Los valores del directivo

Tengo la gran suerte de poder trabajar con uno de los grandes líderes que ha dado el deporte español, Lolo Sainz. Yo creo que todos tenemos dones, habilidades innatas que si somos capaces de descubrir y poner en valor nos hacen únicos. Pues el don de Lolo Sainz, sin lugar a duda, es su capacidad de liderazgo. Este hombre ha logrado tener el mayor palmarés del baloncesto español, liderando a equipos de todo tipo como el Real Madrid, el Joventut de Badalona o la Selección Española, gestionando grandes talentos como Fernando Martín o Corbalán o sacando lo mejor de jugadores normales, pero llevándoles siempre al éxito. Todo ello solo con su propia intuición y sin recibir ningún curso de gestión de personas.

En los programas que impartimos juntos sobre cómo liderar un equipo de alto rendimiento, Lolo recuerda uno de los partidos más memorables de los años ochenta, en el que el Real Madrid de Petrovic y Martín se enfrentó al Snaidero de Caserta de Oscar Schmidt Becerra en la final de la Recopa de 1989. Becerra estaba destrozando la defensa blanca anotando la friolera de 44 puntos, y como Fernando Martín tenía una mano lesionada, en uno de los tiempos muertos del principio de la segunda parte Lolo le dijo a Drazen Petrovic que su única baza es que tomara las riendas del partido en su faceta anotadora. Y su reacción fue increíble: ¡anotó 62 puntos! Gracias a los ellos se alzaron con el título.

Fernando Martín, malaconsejado por algunos jugadores que le decían que Petrovic le quería quitar todo su protagonismo, llevó muy mal este hecho, y el tema se incendió definitivamente cuando Ramón Mendoza en una de las celebraciones con el equipo llamó a brindar con él por la victoria solo a Drazen, olvidándose por completo de la otra estrella. Esto provocó un enfrentamiento feroz de Fernando Martín contra Petrovic que afectó mucho al rendimiento del equipo.

Lo verdaderamente sorprendente de esta historia es cómo Lolo Sainz logró resolverlo: apeló a la profesionalidad de Drazen Petrovic, que no tenía culpa ninguna en el conflicto, para que adoptara un rol secundario en el campo, dándole todo el protagonismo a Fernando Martín y logrando así desbloquear la situación. Es decir, que logró que una gran estrella, en pleno ascenso, renunciara a las canastas, las fotos y las entrevistas en pro del equipo.

Y así fue: Petrovic en lugar de anotar canastas optaba por asistir al enojado pívot, siempre que le entrevistaban se deshacía en elogios hacia Fernando, a quien llamaba «el verdadero artífice del éxito del equipo», y así, poco a poco, asistencia tras asistencia, piropo a piropo, logró vencer la resistencia de Fernando Martín y reconducir la situación.

Este me parece un magnífico ejemplo de cómo la humildad y la generosidad hacen grandes a las personas y convierten a los jefes en verdaderos líderes, como se ha demostrado en los ejemplos de Lolo Sainz o de Drazen Petrovic.

La humildad en un líder conlleva otros valores muy importantes como son la autocrítica y la autoexigencia, que fortalecen su carisma y su autoridad, y lejos de mostrar una imagen más débil, como muchos afirman, trasluce una gran seguridad en uno mismo que le hace ganarse el respeto de los que le rodean.

No hay que confundir humildad y generosidad con servilismo, ni servilismo con estar al servicio del equipo. Un directivo, como uno de los principales líderes de la organización, debe estar al servicio de su equipo con humildad, pero debe ser capaz de defender sus ideas, de una forma leal y ética, tanto hacia abajo como hacia arriba, algo que parece no ser muy habitual tal y como demuestra la encuesta realizada por Tea Cegos y RRHH Digital, que refleja que al 92% de los directores de Recursos Humanos les resulta difícil o muy difícil manifestar discrepancias directas a sus directores generales.

Me enamoran las personas que mantienen la curiosidad de un niño, que son lo suficientemente grandes como para ser humildes, que se ganan la autoridad con sus actos y no con su tarjeta. Me encantaría que tuviéramos muchos líderes así en nuestras organizaciones, de los que merece la pena seguir, de los que enseñan sin dictar sentencia, de los que uno se siente orgulloso de pertenecer a su equipo.

Soy defensor, un defensor vehemente diría yo, de que la esencia de lo bueno y de lo malo que estamos viviendo tiene su fundamento en la degradación de las escalas de valores existentes o en lo que es más dramático, que sería la propia existencia de unos valores sólidos la que propiciaría recuperación de las entidades, de la sociedad en general, y la evolución del individuo.

Cada individuo, cada entidad, cada país, cada generación, cada civilización ha ido estableciendo unos fundamentos, unos principios, unas ideas, en torno a los que se han construido las relaciones, las ideologías, los hábitos, las costumbres…, la vida.

Para mí el mundo del deporte muestra perfectamente un conjunto de estos valores que son determinantes (condición necesaria, aunque por supuesto no suficiente) para que se pueda tener éxito en cualquier disciplina deportiva: humildad, generosidad, competitividad, respeto, capacidad de lucha, de sacrificio, espíritu de superación, lealtad…

De igual forma la asunción de esos valores no garantiza el éxito de un líder, pero su carencia es una garantía segura de fracaso.

***

Esa noche Silvia, a pesar de que una vez más la oscuridad la había sorprendido en su despacho, se encontraba muy satisfecha. Las cosas iban viento en popa. El programa de desarrollo directivo que había diseñado meses atrás con el apoyo de Benito era ya una exitosa realidad y la primera edición realizada por el propio comité de dirección estaba a punto de terminar.

—¿Qué haces sonriendo sola en tu despacho a estas horas? —preguntó Benito mientras salía de las sombras como un cuatrero.

Aquellos encuentros furtivos se habían convertido ya en una agradable tradición para Silvia. En ellos el directivo se sinceraba, le contaba sus problemas y encontraba siempre en ella un consejo sincero que le hacía mejorar. En esa ocasión Benito estaba muy enfadado.

—Qué suerte que sonrías, seguro que has tenido un buen día

—En realidad es que estoy disfrutando una buena etapa, en gran medida gracia a ti a tu confianza en mis iniciativas. ¿Y tú? ¿Por qué estás tan molesto? —preguntó con calma Silvia.

—Tengo un problema con mi equipo. Estamos teniendo una situación complicada con la tesorería por culpa de los retrasos en los pagos de clientes y nadie me propone ninguna idea para tratar de solucionarla —respondió indignado el corpulento directivo.

—¿Es muy grave?

—Nada dramático si ponemos medidas a tiempo, pero me da mucha rabia que la gente no tenga iniciativa. ¡No me puedo creer que no se les ocurran buenas ideas! —poco a poco Benito se iba calentando cada vez más.

—¿Y dices que nadie te ha propuesto nada? —continuó profundizando Silvia.

—¡Nadie, nadie!… Bueno... miento. Carlos, el delgadito que se sienta en el despacho de la tercera al lado de la ventana, vino hace unas semanas con la propuesta más estúpida que he oído en mi vida. ¡Increíble que alguien con su formación y experiencia sea capaz de plantear esas tonterías!

—Y tú ¿qué hiciste? —preguntó Silvia.

—¿Yo? Estaba en mitad de la comisión de tesorería, delante de todos sus compañeros. ¿Qué querías que hiciera? No tuve por menos que cantarle las cuarenta. No puedo permitir que la gente vea que tolero esos errores. Necesito que la gente ponga lo mejor de su parte para buscar soluciones, no son de recibo despistes como ese. ¡Imagínate que lo pone en práctica! Podíamos haber tenidos problemas serios…

–Benito, ¿y te extraña qué la gente no te proponga ideas?

–¿Que si me extraña? Por supuesto. No hay día en que no les diga en las reuniones de seguimiento que quiero que me propongan ideas, que necesitamos nuevas soluciones, nuevos enfoques. ¡Les animo siempre a innovar! ¿Por qué? ¿A ti no te sorprende? –el rostro de Benito se cubrió con un velo de extrañeza.

–No, Benito, no me sorprende –Silvia hizo una pausa mientras le miraba cariñosamente y continuó–. Decir las cosas no es suficiente; mejor dicho, decir las cosas solo con palabras no es suficiente…

–No te entiendo, ¿Qué quieres decir con «decirlo solo con palabras»? ¿Qué quieres que haga, cartelitos? –interrumpió con sorna Benito.

–No. Quiero decir que tus palabras y tus actos se contradicen. Les pides verbalmente que te den ideas pero con tu comportamiento castigas sus errores. Para innovar y buscar nuevos enfoques uno tiene que poder equivocarse, en cambio tú no toleras el error. Thomas Alva Edison contestó a un periodista que le preguntó por cómo se sentía tras haber fallado casi 1.000 veces antes de lograr construir una bombilla, diciendo: «no fracasé, sino que descubrí 999 formas de no hacer una bombilla». Michael Jordan decía: «he fallado una y otra vez en mi vida, y gracias a eso he tenido éxito». Sin errores no hay aprendizaje. ¿Quieres ideas? ¡Anímales a equivocarse! Y luego ayúdales a aprender de ellos para que no los vuelvan a repetir. Provoca que diversifiquen en sus errores, pero no les castigues por intentar buscar soluciones –Benito se tapó con el puño la boca y Silvia remató su argumentación con contundencia–. Los errores de nuestros equipos son el reflejo de nuestros errores como líderes, no lo olvides nunca. Cuando alguno de tus profesionales cometa un error que te sorprenda, antes de nada piensa que has hecho tú para que esa persona se comporte así. No pidas cosas que no seas capaz de dar y trata de ser coherente entre lo que dices y cómo te comportas.

Benito sonrió y ladeó la cabeza sin dejar de mirarla.

−Acabo de comprender la frase «cuando el alumno está preparado, el maestro aparece». Gracias por ayudarme a estar preparado, y gracias por mostrarme de nuevo el camino... −y casi sin terminar la última sílaba, con la agilidad felina que le caracterizaba, se escabulló entre las sombras de la oficina.

Silvia cerró su portátil. Era hora de irse a casa. Hoy había sido un buen día.

4. El ejemplo, la herramienta definitiva

Dicen que el padre del boxeador Óscar de la Hoya le hacía entrenar más de diez horas diarias cuando todavía era un niño. A Tiger Woods su padre le regaló por su tercer cumpleaños un palo de golf. A los 12 «el Tigre» pilló a su padre en la cama con otra mujer que no era su madre. Richard Williams puso a sus dos hijas, Venus y Serena, a jugar al tenis poco después de empezar a andar. En la cancha donde entrenaba Venus le colgó un cartel que decía «cuando fracasas lo haces sola», y a Serena le obligaba a elegir primero en los restaurantes para que no copiara a su hermana mayor y desarrollara así su propio carácter. El padre de Andre Agassi, cuando este era niño, le pegó con cinta americana dos palas de ping pong a las manos. Más tarde, cuando Andre tenía 13 años, modificó una máquina para lanzarle pelotas de tenis a casi 180km/h. La primera frase que Mike Agassi le dijo a su hijo cuando este ganó su primer Wimbledon fue: «no deberías haber perdido el cuarto set». A los 3 años, Fernando Alonso ya tenía su propio kart, hecho por su padre con sus propias manos. Aquel año Fernando ganó su primera carrera. José Luis Alonso renunció a ser portero del Celta de Vigo para poder dedicarle a su hijo y a sus carreras todo el tiempo posible.

Los padres y las madres son los primeros líderes que conocemos las personas y sus valores y estilo quedan grabados en nosotros para siempre. Fernando Alonso reconoce que la pasión que le transmitió su padre caló en él hondamente, en cambio Agassi dice que su padre «era un ser violento por naturaleza, lleno de rabia» y que le «trató duramente toda la vida».

El ejemplo y la exigencia son dos de las más potentes herramientas de un líder, y por ello debemos usarlas con mucha responsabilidad. Como padres o responsables de un equipo, somos sus referentes, y lo que hacemos, y no lo que decimos, marcará el camino a seguir por ellas.

En la película *Salvar al soldado Ryan* hay una escena que ilustra perfectamente la necesidad del líder de dar ejemplo. El grupo al que le han encomendado la misión de encontrar y poner a salvo a Ryan descubre en su camino una estación radar enemiga y el capitán Miller (Tom Hanks) entiende que deben destruirla, a pesar del riesgo que ello implica. En esos momentos el equipo no parece compartir la decisión de su responsable: «nos desvía de nuestra misión», comenta un soldado; «nuestra misión es ganar la guerra», responde Miller y, sin esperar a que el equipo reaccione, es el primero en tomar posiciones para atacar la estación de radio.

Esta situación, la de dar ejemplo, es fundamental en nuestras organizaciones. «Es el primero en dar ejemplo» es un buen comentario de un miembro del equipo hacia su responsable; este planteamiento hace que exista coherencia entre lo que decimos y lo que hacemos, cosa que, por desgracia, no ocurre todos los días en la mayoría de las empresas. Pero no solo eso: el ejemplo es la herramienta más poderosa con la que cuenta un líder para trasformar el comportamiento de sus personas. El cerebro humano está diseñado para replicar los comportamientos que ve, a través de una estructura denominada neuronas espejo. Estas, por ejemplo, cuando estamos viendo una película de vaqueros en la que el protagonista está desenfundando su revólver, activan en nuestro cerebro las mismas zonas que si nosotros estuviéramos realizando dicho movimiento, de hecho a veces ese impulso es tan grande que provocan un movimiento similar al del actor en nosotros. Este es el mecanismo que utilizan los niños para aprender tan rápidamente, y para comprender las emociones de las personas que les rodean, y a diferencia de otros grandes dones de los niños, no lo perdemos con los años. Esto multiplica el poder de nuestra actitud y de nuestros comportamientos. Si somos capaces de comportarnos con nuestras personas, y ante ellas, de la forma en la que nos gustaría que ellos se comportaran, estaremos sentando las bases para lograr nuestros objetivos.

Como dice Lolo Sainz, «los líderes son aquellos que llevan el peso del equipo, tanto con sus palabras como con sus acciones y su papel no es mandar sino consiste en ayudar a liberar el potencial de los demás». No exijamos sinsentidos, lanzando bolas a 180km/h a nuestras personas, ni pidamos cosas que nosotros no damos. Hagamos que nuestra gente se sienta como Óscar de la Hoya, que decía siempre: «mi padre nunca dejó de creer en mí», pero no volquemos en ellos nuestras frustraciones o queramos alcanzar a través de ellos lo que nosotros no hemos sido capaces de lograr.

EN RESUMEN

- Nadie es nunca lo suficientemente bueno. Fórmate y nunca pierdas el hambre por aprender y mejorar.

- Trata a tu gente como te gustaría que tu jefe te tratara a tí. La empatía es una herramienta muy útil.

- Sin pasión por sus personas, una organización no podrá desarrollar una verdadera pasión por sus clientes.

- Ser líder implica estar al servicio del equipo para ayudarles a conseguir sus objetivos.

- No confundas estar al servicio con servilismo. Hay que ser exigente y leal y defender tus ideas y opiniones tanto hacia arriba como hacia abajo.

- La humildad y la generosidad ayudan a convertir al jefe en líder.

- Ser humilde no te hace más débil, sino que transmite una imagen de seguridad en ti mismo, que te hace ganar la autoridad del equipo.

- Los valores no son suficientes para ser un buen líder, pero la ausencia de ellos sí garantiza que nunca llegarás a serlo.

- Si quieres que la gente innove y aporte ideas, no castigues los errores. Ayuda a tu equipo a aprender de ellos.

- El ejemplo es la herramienta más poderosa que tienes como líder. Para que sea efectivo tienes que ser coherente entre lo que dices y lo que haces.

7 | Claves para medir la inversión en formación
Juan Pablo Ventosa

El problema que justifica este capítulo es el combate frente al mito o la falsa creencia de que la formación no es posible evaluarla. Que los resultados que conseguimos mediante ella están condenados a perderse una vez acabada la formación y que no podemos registrar acerca de ella más que número de horas dedicadas, de participantes o de cursos realizados. Que el dinero, en suma, que invertimos en formación es un gasto con retorno desconocido incalculable en beneficios –en euros, queremos decir.

1. Los primeros cien días de Silvia

Silvia lleva cien días en su nueva empresa. Tiempo que ha aprovechado para hacerse con su nueva situación, para observar, para escuchar y para conversar con unos y otros sobre su percepción de la compañía, sobre sus retos y preocupaciones. Siguió el consejo de un buen amigo que le recomendó no precipitarse en juzgar. Que considerara su nueva empresa como única en el mundo durante los primeros meses. Que tratara de encontrar sus claves sin hacer juicios prematuros. «Ya habrá tiempo –le aconsejó– para sentarse y procesar toda la información con calma y lanzarse a actuar».

Y llegó, por fin, el momento de sacar conclusiones. Entre ellas las que conciernen a su equipo, en su mayoría gente joven, bien preparada y con ganas de seguir aprendiendo. Gente en la que se puede confiar. Pero hay que elevarles el listón de la exigencia para que aporten más y mejor y estén a la altura de lo que se espera hoy día de Recursos Humanos. Silvia quiere acelerar este proceso y cuenta con que su equipo la juzgará por su capacidad de desarrollarles como profesionales de los Recursos Humanos. Esperan mucho de ella.

Estos días está poniendo orden y sentando las bases de la formación y el desarrollo. El punto de partida no puede ser mejor: su consejo delegado apuesta de manera decidida por la formación y quiere ponerla al servicio de los objetivos estratégicos de la compañía cuanto antes. Por ello ha fijado a Silvia objetivos muy ambiciosos en esta parcela.

No ocurre lo mismo con la mayoría de los directivos de la empresa. Para ellos la formación es un lujo que no aporta valor y el departamento de formación y sus presupuestos son costes superfluos y prescindibles casi por completo: «que la gente venga formada de casa» o «que se la seleccione en condiciones», llegó a escuchar Silvia en sus conversaciones con ellos.

Silvia se plantea como reto cambiar la actitud de los directivos demostrándoles con hechos y datos el valor que la formación aporta. Pero antes ha de trabajar con su equipo. Ellos son los primeros que deben creer que la formación es una herramienta estratégica de primer orden y han de ser capaces de aportar evidencia de impacto en resultados.

Silvia debe comenzar a trabajar con un equipo que posee una actitud empobrecida sobre la formación. Una actitud que es fruto de tres años de trabajo a las órdenes de su antecesor en el puesto, un director de personal de la vieja escuela, un profesional con ideas obsoletas sobre el papel de Recursos Humanos que les ha posicionado como meros gestores de las escasas peticiones que se producen y de las obligaciones que en materia formativa hay que observar.

2. ¡Manos a la obra!

Silvia programó una serie de reuniones por las tardes para reflexionar con su equipo sobre la formación y su papel como herramienta estratégica. «¡Esto lo hago yo en cuatro tardes!», se sorprendió pensando y diciéndose a ella misma, aunque dio por hecho que no iba a resultar un proceso fácil.

Lo que sigue son notas de las reuniones que Silvia fue reuniendo en sus cuadernos de trabajo. En parte son registros de lo hablado en ellas, de las conclusiones a las que llegaron, y en parte resumen de los temas que explicó en diferentes momentos de las mismas.

La primera reunión la dedicó a definir el rol de la formación. Las cuatro siguientes se centraron en cómo medir y demostrar el impacto de la misma.

3. Primera reunión: poniendo la formación en el lugar que le corresponde

De las notas de Silvia sobre los temas tratados y de las conclusiones alcanzadas destacó que «formación» y «educación» son términos que utilizamos como sinónimos cuando en realidad no lo son. ¿Cuál es la diferencia esencial entre ambos? La mejor respuesta la escuché en una conferencia en Estados Unidos en la que se discutía este mismo tema. El conferenciante hizo esta pregunta a los asistentes solicitando la diferencia entre los términos *education* y *training*: nadie levantó la mano, así que lo volvió a intentar preguntando esta vez: «¿cuántos de ustedes tienen hijos adolescentes?». Como respuesta obtuvo un buen número de manos levantadas. Concluyó con lo siguiente: «pensando en ellos y en el instituto donde cursan sus estudios, ¿qué prefieren que tengan como asignatura: *Sexual Training* o *Sexual Education?*». La respuesta fue unánime esta vez.

La educación ayuda a crear valores. La formación está orientada a la acción, al cambio de comportamiento, a la aplicación de lo aprendido, al hacer. En el mundo de la empresa esta dimensión cobra un enorme valor y es lo primero que se demanda a quienes la ofrecen: «que sea aplicable en el puesto de trabajo», «que sirva para ayudar a nuestra gente a trabajar mejor». El área natural de impacto de la formación es el hacer de la gente, su conducta, e influye en ella aportando los conocimientos necesarios, ayudando a desarrollar las habilidades precisas y apoyando las actitudes positivas necesarias para que la gente que se forma lo haga mejor la próxima vez.

Pero la formación no es el único remedio posible para hacer que la gente trabaje mejor y sea más eficiente en su trabajo. Es más: hay situaciones en las que la formación no impacta en absoluto en mejora del rendimiento. Situaciones en las que el desempeño esperado no se alcanza por factores ajenos a la falta de competencia. Factores como la existencia de procesos mal diseñados o la falta de políticas y sistemas adecuados o el que haya recursos defectuosos o se carezca de incentivos. Ofrecer formación en dichas situaciones puede servir de válvula de escape, de motivación a corto plazo o, en el peor de los casos, de nada (un nada muy caro en este caso).

La formación de calidad es una medida diseñada como respuesta a problemas de carencia competencial. Si está bien concebida y desplegada en sus objetivos de cambio conductual, y si está aplicada con economía de recursos, impactará en resultados y será rentable.

Los que nos dedicamos a la formación en la empresa venimos quejándonos desde siempre de lo poco que invierten en ello. Pero se puede invertir poco en formación e impactar mucho en resultados de negocio y viceversa: gastarse mucho (coste en este caso) para no lograr ganancia alguna en resultado. ¿Cuántas situaciones de estas existen? ¿Cuánto de lo que invertimos en formación no lo deberíamos invertir mejor en modificar antes que los conocimientos y las habilidades de la gente en modificar, eliminar o mejorar otros factores que actúan como auténticas barreras para que la gente logre lo que tiene que lograr en su trabajo?

En resumen: hemos de ver la formación como herramienta que podemos poner al servicio de los problemas de rendimiento de las personas en la medida en que estos tienen que ver con carencias de conocimientos y habilidades. Y que produce resultados en mejora de desempeño, los cuales impactan a su vez en resultados de negocio. Si la concebimos así dejaremos de vernos como meros proveedores de servicios y empezaremos a actuar como socios de negocio. Si actuamos así en poco tiempo constaremos el progreso alcanzado en base a un indicador clave: el tipo de demandas, de peticiones que nuestros clientes nos plantean. Habremos pasado del «inscríbeme en el curso…» al «mis resultados no son los esperados; ayúdame a ver qué parte del problema está en el rendimiento de mi gente y a encontrar la solución más adecuada al mismo».

La prueba del nueve del éxito que alcancemos la tendremos, por otra parte, analizando el informe de gestión anual del departamento al cabo de ese tiempo. Si lo que encontramos son cifras de crecimiento en indicadores de satisfacción con los programas formativos realizados, incremento del número de cursos, de participantes y de horas de formación, podemos concluir que lo hacemos bien. Pero mucho mejor sería si encontráramos en el informe, además de lo anterior, datos y cifras en euros ahorrados o ganados por la solución de los problemas de rendimiento de la gente que hemos contribuido a solucionar.

Silvia supo hacer que su equipo llegara a estas conclusiones por sí mismo y les despertó el interés por leer algo más sobre esta manera de ver la formación, sugiriéndoles las lecturas que figuran en la bibliografía de este capítulo.

4. Segunda y tercera reuniones: el impacto de la formación se puede medir

–Una vez convencidos de que la formación debe contemplarse como herramienta al servicio de los resultados conviene –se dijo Silvia– despertar curiosidad por la manera de medir el impacto en los mismos.

Silvia consultó sus notas. En ellas había reflejado que podemos medir el impacto de la formación desde cinco perspectivas de complejidad y profundidad creciente. Son cinco posibilidades de medición de impacto y son, al mismo tiempo, cinco deberes de los profesionales de la formación:

1º Podemos (y debemos) medir la opinión del participante ante la formación recibida.

2º Podemos (y debemos) medir el aprendizaje obtenido.

3º Podemos (y debemos) medir la transferencia de lo aprendido al puesto de trabajo.

4° Podemos (y debemos) medir el impacto en resultados de la mejora del desempeño fruto de la formación recibida.

5° Podemos (y debemos) medir el retorno de la inversión en formación.

Las cuatro primeras posibilidades y deberes forman parte del modelo de evaluación de la formación originado por Donald Kirkpatrick (1996), el quinto fue introducido y ampliamente desarrollado por J. J. Phillips (1997). Dos modelos clásicos del mundo de la formación y el desarrollo que todos los profesionales deberían conocer y aplicar.

Nivel 1. Se puede (y se debe) medir la reacción ante la formación recibida

La evaluación de la reacción o «evaluación de nivel 1» suele realizarse con la ayuda del cuestionario que se reparte a los participantes al finalizar la acción formativa en la que han participado. Su propósito es conseguir indicadores de opinión y de satisfacción con la misma.

Los cuestionarios de medición de nivel 1 suelen incluir preguntas que miden:

- La reacción ante el contenido del programa: ¿fue práctico? ¿Satisfizo las necesidades de los participantes?

- La reacción ante las habilidades y la efectividad del formador: ¿dominaba el tema? ¿Respondió a las preguntas que se le hicieron? ¿Adecuó su forma de actuar a los requerimientos de los participantes?

- La reacción ante las herramientas de formación utilizadas como parte de la acción formativa.

- La reacción frente a otros elementos de la acción formativa tales como la distribución de tiempos, las instalaciones, las comidas, etc.

- Por último, se añaden algunas preguntas abiertas que ayudan a anticipar los niveles 2 y 3, tales como: ¿cuál fue el principal aprendizaje que se llevó consigo el participante? ¿Qué nuevas conductas pretende aplicar el participante como resultado de lo que aprendió?

Normalmente son cuestionarios en formato de respuesta Likert (con varios grados de opinión desde «muy desfavorable» a «muy favorable») y los resultados se presentan como agregados de las puntuaciones alcanzadas en cada factor.

Medir la reacción durante el transcurso de la acción formativa o una vez finalizada esta es importante porque incluso en un programa perfectamente diseñado, si los participantes reaccionan de forma negativa frente al mismo, todo el aprendizaje puede frenarse en seco. Una reacción favorable puede no garantizar el aprendizaje y el impacto de este, pero una reacción desfavorable lo arruinará a buen seguro.

Pero con estos informes no basta para convencer a quien vela por la cuenta de resultados del valor de nuestra aportación. No solamente no es suficiente sino que puede, incluso, ser contraproducente usar solo estos indicadores. La anécdota que cuenta Silvia al respecto es muy ilustrativa: «el consejero delegado llamó al director de Recursos Humanos y Formación y le preguntó qué tal la formación; en concreto lo que le interesaba era si lo invertido el año pasado en este apartado sirvió para algo. Evidentemente el director vino perfectamente preparado a la reunión. Trajo consigo el resumen de los cuestionarios de reacción de la actividad formativa realizada en los dos últimos años y un dossier en colores: "Ve –dijo con orgullo mal disimulado–, tenemos una media de 8 sobre 10 en los cuestionarios de satisfacción". El director dicen que duró exactamente dos semanas en su puesto después de esta reunión».

Nivel 2. Se puede (y se debe) medir el aprendizaje logrado

Las mediciones a este nivel permiten responder preguntas como:

- ¿Aprendieron los participantes algo como fruto de la acción formativa?

- ¿En qué medida?

- ¿Se alcanzaron los objetivos con los que fue diseñado el curso o el seminario?

- ¿Qué conocimientos se adquirieron? ¿Qué habilidades se desarrollaron o mejoraron? ¿Qué actitudes se modificaron?

Si la acción formativa no satisface uno o más de los objetivos de aprendizaje mencionados y si esto es necesario para que los participantes cambien su manera de actuar (esto se ha tenido que averiguar en la fase de análisis de necesidades formativas y el diseño de la formación debe responder a ello) entonces será difícil esperar cambios de conducta reales en el trabajo y la mejora del desempeño que se pretende.

Si midiéramos la aplicación al puesto (nivel 3) sin medir antes este nivel y no encontráramos mejora alguna la conclusión lo más fácil sería decir que lo que ocurre es que la gente no ha aprendido lo necesario en la formación. Esta conclusión sería errónea si lo que falla son otros factores que impiden que la mejora de desempeño se dé, como por ejemplo recursos deficientes o procedimientos de trabajo mal diseñados. Por eso es importante estar seguros de antemano sobre qué papel juega la falta de conocimientos y competencias en el mix total de barreras al rendimiento, qué otras medidas de mejora hay que emprender y qué contribución se ha de esperar de la formación.

La información específica que proporciona la evaluación del aprendizaje es igual de importante para el formador mismo. Con los datos de este nivel a mano el formador puede ver dónde ha tenido éxito y dónde ha fallado a la hora de diseñar el programa o en la impartición del mismo. Si el programa tiene que repetirse puede planificar otras técnicas o herramientas para aumentar las oportunidades de éxito en el aprendizaje. Además, si es posible llevar a cabo sesiones de seguimiento con el mismo grupo, aquello que no se ha aprendido pueden ser el objetivo de esas sesiones.

Existen diversos modos de medir y constatar el aprendizaje después de una acción formativa. El mejor de ellos es la comparación entre los resultados de una prueba administrada antes con otra (idéntica) administrada una vez finalizada la formación. La prueba puede ser un cuestionario de conocimientos, una simulación práctica o el registro de una entrevista con cada un de los participantes.

A veces es conveniente emplear un grupo de control (personas que no han participado en la formación) y comparar los resultados de la pre y la postprueba en este grupo y en el de participantes en la acción formativa cuyo impacto queremos comprobar (ver cuadro 7.1). Esta evidencia es definitiva para demostrar su papel en la mejora y descartar la de otros factores ajenos a la formación.

Cuadro 7.1 Comparación de puntuaciones medias en un cuestionario de conocimientos

Evaluar el aumento de conocimientos y el cambio de actitud.

En esta tabla se comparan las puntuaciones medias en un cuestionario de conocimientos sobre la gestión del cambio de un grupo de control que no recibió la formación cuyo impacto se mide y las del grupo de participantes de la misma.

		Grupo de participantes	Grupo control
ÍTEM 1 Si sabe que un cambio no será bien aceptado por sus colaboradores debe hacer que las cosas cambien lentamente (la respuesta correcta es «no»)	PRETEST	45,5	46,7
	POSTEST	55,4	4,2
	AUMENTO	+ 9,9	+ 1,5
	INCREMENTO NETO: 9,9 - 1,5 = 8,4		
ÍTEM 2 El modelo de cambio de K. Lewin dice que hay que cambiar lo menos posible lo que está bien (la respuesta correcta es «no»)	PRETEST	45,5	46,7
	POSTEST	55,4	54,4
	AUMENTO	+ 9,9	+ 7,7
	INCREMENTO NETO: 9,9 - 1,5 = 8,4		

Nivel 3. Se puede (y se debe) medir la aplicación de lo aprendido

- ¿Qué ocurre cuando los participantes salen del aula y vuelven a su puesto de trabajo? ¿En qué medida se produce una transferencia de lo aprendido al puesto?

- ¿Se aplica lo aprendido?

Preguntas como estas son las que se evalúan en este nivel. Y ya no hay más remedio que ir al puesto y observar y acudir a los registros de desempeño y comparar el antes y el después del mismo y preguntar la opinión (con hechos y datos) de los jefes de los participantes reflejada en la evaluación del desempeño.

Pero no hay que sentarse a esperar y ver qué pasa. Buena práctica en formación es configurar acciones formativas y entornos que faciliten el *transfer*. Emplear estrategias de empuje o *pull* del mismo a partir de acciones coordinadas antes, durante y después de la acción formativa y por los protagonistas de las mismas: el formador, el participante y el jefe de este.

Silvia mostró aquí una tabla (ver cuadro 7.2) donde se recogen las conclusiones de un estudio que mostró el impacto de las diferentes medidas posibles de fomento de la transferencia. Los números sin subrayar de la tabla indican potencia de impacto en *transfer* (de menos a más, es decir, de 1 a 9) y los no subrayados indican la frecuencia con la que se suelen usar dichas medidas. En el cuadro 7.3 hay ejemplos de algunas buenas ideas para fomentar el *transfer* desde cada una de las posiciones y momentos.

Cuadro 7.2 Impacto de las diferentes medidas de fomento de la transferencia

	Antes			Durante			Después		
Jefe del participante	A)	1	5	B)	8	6	C)	3	9
Formador	D)	2	2	E)	4	1	F)	9	7
Participante	G)	7	8	H)	5	3	I)	6	4

Fuente: Broad, M. L. y Newstrom, J. W. (1992), *Transfer of Training: Action-Packed Strategies to Ensure High Payoff from Training Investment*, Massachusetts, Addison-Wesley.

Cuadro 7.3 Ideas para fomentar el *transfer*

A	B	C
• Identificar las necesidades y prioridades de formación de sus colaboradores. • Mostrar interés por la formación que hay que realizar. • Prever cargas de trabajo durante la ausencia.	• Respetar el curso. No interrumpir. • Participar en el cierre de la acción formativa. • Verificar la asistencia de sus colaboradores a la actividad formativa.	• Interesarse por medidas de aplicación. • Trabajar plan de acción y disponer ayuda por su parte en el mismo. • Vincular evaluación del desempeño a la transferencia.
D • Recabar casos reales para trabajar durante las sesiones. • Impulsar procesos de autodiagnóstico de los participantes de lo tratado en la formación. • Conocer e incorporar expectativas de los participantes en la formación.	**E** • Adaptar en lo posible el contenido/método a los participantes y sus expectativas. • Elaborar con los participantes «lecciones aprendidas» y el plan de acción. • Facilitar la participación activa.	**F** • Dar *feedback* de los resultados a los jefes de los participantes. • Verificar el seguimiento de los compromisos del plan de acción. • Facilitar herramientas de verificación del transfer al participante y a su jefe.
G • Solicitar contenido y objetivos de la acción formativa. • Hablar con el jefe y prever circunstancias durante la ausencia. • Relacionar objetivos del curso con necesidades de mejora en el puesto de trabajo.	**H** • Concentrarse en la acción formativa. • Participar activamente. • Promover el intercambio de experiencia que ayuden a consolidar aprendizaje.	**I** • Dar a conocer al jefe el plan de acción trabajado durante la acción formativa y pedir opinión y ayuda sobre el mismo. • Compartir progresos alcanzados con el jefe. • Animar a otras personas a participar en la acción formativa.

Ninguna acción sin evaluación de nivel 1, la mayoría con evaluación de nivel 2 y ninguna de las especialmente importantes sin evaluación de nivel 3. La prudencia en evaluar se dedujo de consideraciones de inversión del tiempo y esfuerzo requerido. También acordaron incluir estos indicadores en los informes periódicos a dirección. En este compromiso quedaron Silvia y su equipo después de la tercera reunión.

5. Cuarta y quinta reuniones: los resultados y el retorno de la inversión en formación se pueden medir

Pasado algún tiempo e introducido el hábito de la evaluación según lo que acordaron, Silvia decidió dar el paso siguiente y coger al toro por los cuernos. Hablar de dinero y de formación.

Las notas que tomó Silvia en la cuarta y quinta reuniones explican el nivel 4.

Nivel 4. Se puede (y se debe) medir el resultado alcanzado con la formación

Las evaluaciones de nivel 4 miden hasta qué punto los resultados de la formación (la transferencia en mejora de desempeño evaluada en el nivel 3) quedan reflejados o impactan en los indicadores de resultado del puesto.

- ¿Factura más el departamento del participante gracias al curso de técnicas de venta?

- ¿Disminuye el número de reclamaciones de su departamento como consecuencia de una mejor respuesta a las preguntas de los clientes por parte de los empleados que han participado en el curso de atención al cliente?

- ¿Se produce una menor rotación de empleados con talento gracias a que los directivos que participaron el programa de rol directivo hacen correctamente las entrevistas periódicas de *feedback* de desempeño de su equipo?

Preguntas como estas son las que se intenta responder con cifras comparativas pre y postacción formativa.

En este nivel, como en el anterior, hay que bajar al terreno y medir –esta vez resultados de negocio– al nivel que se haya establecido como punto de partida para el diseño de la acción formativa.

Silvia y su equipo estuvieron rápidamente de acuerdo en que para establecer conclusiones en este nivel el trabajo principal y más duro era preciso hacerlo con antelación: en la fase de detección de necesidades y de diseño de la acción formativa.

En efecto, la formación cuyo impacto en la cuenta de resultados es posible evaluar es únicamente aquella que parte de preguntas como las que pueden verse a continuación y responde a la lógica mostrada en el cuadro 7.4:

- ¿Qué resultados queremos/debemos lograr como fruto del programa formativo?

- ¿Qué desempeños son clave para lograr esos resultados? ¿Qué nivel de desempeño tienen los colaboradores hoy y cual deberían tener?

- ¿Qué parte de la solución para la mejora del desempeño (para cubrir la brecha entre el nivel actual y el necesario) corresponde a la formación y cuál a otros factores como medios, procesos, sistemas, etc.?

- ¿Qué competencias se necesitan para tales desempeños?

- ¿Cuál es el nivel de partida en el desempeño de los colaboradores?

Cuadro 7.4 Ejemplo de indicadores de un programa de formación

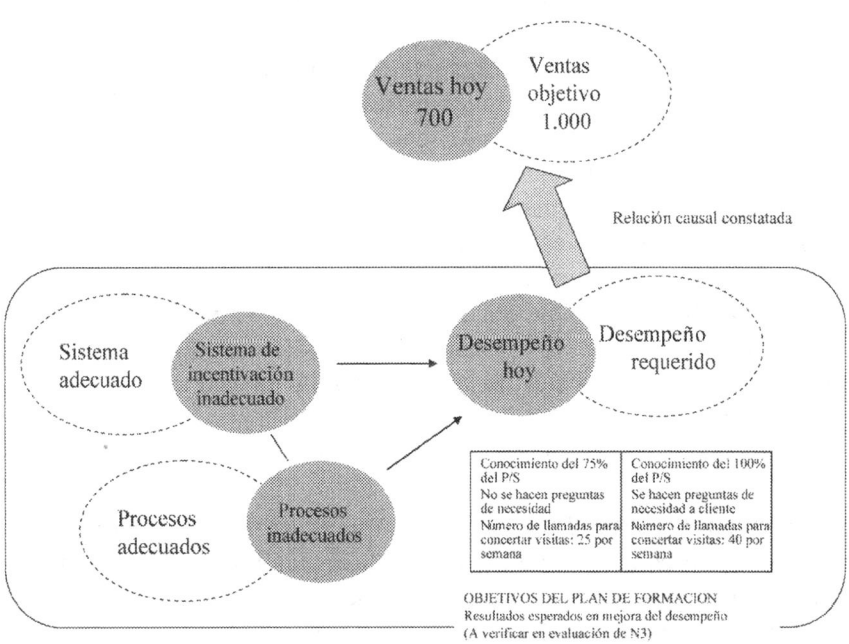

El ejemplo mostrado en el cuadro 7.4 presenta de manera muy resumida una situación real en la que fue posible obtener indicadores de nivel 4 de un determinado programa de formación. Dicho programa formó parte de un conjunto de medidas implantadas para mejorar el desempeño de un equipo de agentes comerciales. En el análisis previo se detectó una relación causa-efecto entre el desempeño actual de los comerciales y los resultados obtenidos. No se detectaron factores externos (fuera del control de la propia compañía) que pudieran afectar al desempeño esperado como la presencia de un competidor con productos más ventajosos por ejemplo. Dependía todo pues del propio desempeño de los comerciales y las barreras había que buscarlas en casa.

Analizando con más atención este hecho se llegó a aislar tres desempeños clave: el dominio del portafolio de productos, el número de llamadas que hacían para concertar visitas y el tipo de preguntas realizadas en las entrevistas de venta. El GAP con el desempeño requerido se cifró en la necesidad de incrementar en un 25% el conocimiento del portafolio, en la necesidad de pasar de las 25 llamadas actuales a las 40 necesarias y en el incremento sustancial (sin especificar inicialmente en cuánto) de las preguntas sobre necesidad en las entrevistas al cliente.

Una vez estudiados todos los factores con impacto en el desempeño se elaboró un plan de intervención consistente en medidas de adecuación del sistema de incentivos (que no premiaba la realización de llamadas) y la adecuación de algunos sistemas de gestión que los comerciales percibían como barreras a su desempeño. Asimismo se incluyó un programa de formación diseñado especialmente y dirigido a los parámetros conductuales clave en este caso. De esa manera se puso en marcha un programa con objetivos de mejora del conocimiento de producto por parte de los comerciales, de desarrollo de la habilidad para hacer preguntas para la venta consultiva y de mejora de su habilidad para concertar entrevistas telefónicamente (factor que se detectó era la principal barrera a la hora de hacer llamadas en este sentido).

La medición del nivel 3 en el caso ejemplo (cuadro 7.5) mostró las ganancias de desempeño esperadas tras la aplicación de la formación. El desempeño de los comerciales se consolidó gracias a la implementación paralela del nuevo sistema de incentivos y a la modificación de los procedimientos de gestión pertinentes.

La mejora del desempeño nunca suele ser fruto de una causa aislada sino de la acción coordinada de las esenciales (en este caso de formación, de incentivación y de adecuación de sistemas)

Silvia aprovechó los últimos momentos de la reunión para sugerir a su equipo un par de buenas lecturas sobre consultoría del rendimiento de las que figuran en la bibliografía y concluyó la reunión, no sin antes constatar una cierta desilusión en ellos que creían que esto de la medición de nivel 4 era tan sencillo como la de los niveles anteriores.

Cuadro 7.5 Ganancias de desempeño tras la aplicación de la formación

	Desempeño antes del programa de formación	Desempeño después del programa de formación (dos meses después y una vez implantadas otras medidas)	Mejora
Conocimiento del P/S (Pretest-postest)	Puntuación 75/100	Puntuación 98/100	23%
Número de llamadas para concertar visitas	25	40	15
Número de preguntas sobre necesidad por entrevista tipo	3	10	7

Nivel 5. Se puede (y se debe) medir el retorno de la inversión (ROI) en formación

–Si la medición del nivel 4 se realizó correctamente, la del nivel 5 ¡es muy sencilla! Es una mera relación coste-beneficio –comentó alguien del equipo nada más comenzar la reunión–. Vamos a verlo con el ejemplo anterior: ¿cuánto me supone en euros la mejora en ventas? 300. ¿Cuánto me he gastado en el programa de formación? 3. Estupendo. Apliquemos entonces las siguientes fórmulas que hasta un niño de 5 años entendería para calcular el ROI: el ROI es el resultado de dividir los beneficios de la acción formativa entre los costes:

ROI = (Beneficios obtenidos mediante la acción formativa x 100 / Costes de la misma)

El miembro del equipo de Silvia prosiguió:

–En nuestro caso el ROI fue de 300x100/3; es decir ¡¡del 10.000%!! Y con esta cifra iríamos a presumir ante el consejero delegado.

Las cosas desgraciadamente no son tan sencillas ni aun en el caso de que hayamos llegado hasta el nivel 4. Uno de los requisitos fundamentales poder evaluar el ROI es como en el caso anterior haberlo tenido en cuenta desde el inicio del ciclo de formación y desarrollo. Solo algunas acciones formativas son candidatas al análisis del ROI, ya que la medición del mismo es un proceso costoso y han de ser seleccionadas con cuidado. Solo en un 5-10% de casos es recomendable hacerlo, ya que deben darse todos o bastantes de los siguientes factores: aquellas que implican a amplios grupos de destinatarios, que son importantes para los objetivos estratégicos, que tienen una inversión significativa en tiempo y dinero, que cuentan con el apoyo o están bajo la lupa de dirección.

El cálculo del ROI se inicia a partir de un modelo que presenta etapas secuenciales y progresivas que quedan descritas en el cuadro 7.6.

Cuadro 7.6 Etapas del ROI

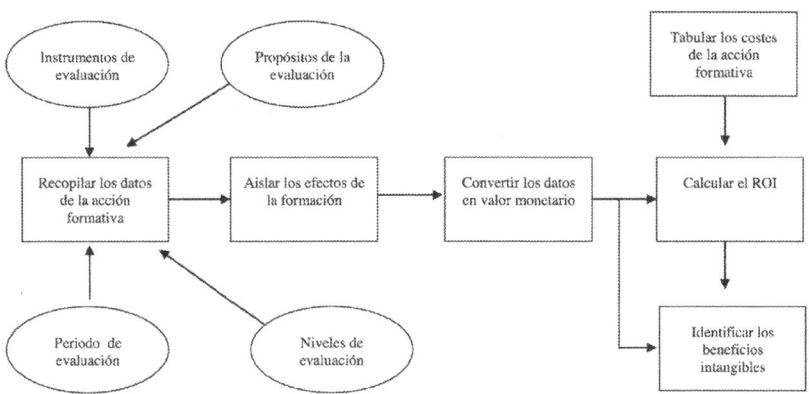

Etapa 1. Recopilar los datos después de la acción formativa

Este punto es fundamental y constituye el punto de partida para el proceso ROI. Los círculos del diagrama señalan cuestiones a tratarse a la hora de recopilar los datos. Se deben recopilar datos cuantificables (como calidad, costes, tiempo) y datos no cuantificables (hábitos de trabajo, ambiente, etc.). Para ello se deben recopilar los datos del nivel 4 a partir de los siguientes métodos: cuestionarios de seguimiento, tareas de la acción formativa, planes de acción, contratos de rendimiento y seguimiento del rendimiento.

Etapa 2. Aislar los efectos de la acción formativa

El aislamiento de los efectos de la formación es una cuestión que suele pasarse por alto en las evaluaciones. En esta etapa del proceso de ROI se deben explorar técnicas específicas para determinar qué proporción del rendimiento resultante está directamente relacionada con la acción formativa.

Esta etapa es esencial porque son muchos los factores que influyen en el rendimiento después de la acción formativa. Las técnicas específicas de esta etapa permiten señalar las mejoras directamente relacionadas con la acción formativa, lo que contribuye a aumentar la precisión y credibilidad del cálculo del ROI. Por eso las siguientes técnicas proporcionan un completo conjunto de herramientas para abordar la importante y crucial labor de aislar los efectos de la formación.

Etapa 3. Convertir los datos en valores monetarios

En esta etapa se debe convertir los datos del nivel 4 en valores monetarios y compararlos con los costes de la acción formativa. A tal efecto debe asignar un valor a cada unidad de datos relacionada con la acción formativa. Existen diversas técnicas para convertir los datos en valores monetarios; la elección dependerá del tipo de datos y de la situación.

Etapa 4. Tabular los costes de la acción formativa

La otra parte de la ecuación en un análisis coste-beneficio es el coste de la acción formativa. La tabulación de los costes implica un seguimiento o un desarrollo de todos los costes relacionados con la acción formativa que se seleccionan para el cálculo del ROI. Deben incluirse los siguientes costes: diseño y desarrollo de la acción formativa, materiales utilizados, formador –incluyendo tiempo de diseño e impartición–, traslados, las aplicaciones, costes administrativos e indirectos del departamento de formación, aquellos relacionados con el análisis de necesidades y otros.

Etapa 5. Calcular el ROI

El ROI se calcula utilizando los beneficios y los costes de la acción formativa. Es el resultado de dividir los beneficios de la acción formativa entre los costes. Los beneficios netos consisten en los beneficios de la acción formativa menos los costes. El ROI utiliza los beneficios netos divididos por los costos de la acción formativa.

Etapa 6. Identificar los beneficios intangibles

La mayoría de las acciones formativas tienen también beneficios intangibles entre los cuales se encuentran: mayor satisfacción con el puesto de trabajo, compromiso con la organización, mejora del trabajo en equipo, mejora en la atención al cliente, menor nivel de conflictos y quejas. El cálculo del ROI debe basarse en la conversión de los datos, tanto cuantificables como no cuantificables, en valores monetarios.

Silvia recomendó vivamente a su gente, igual que en las ocasiones anteriores, que leyera un poco más sobre el tema y volvió a remitirles a la bibliografía.

EN RESUMEN

Silvia y su equipo fueron reuniendo en el transcurso de sus encuentros un decálogo que les sirvió como memoria de progresos y recordatorio de obligaciones y compromisos:

1º La formación cuyo impacto es evaluable es la que está orientada a la acción, al cambio de comportamiento, a la aplicación de lo aprendido, al hacer. La formación tiene impacto en el desempeño de la gente y este en los resultados de negocio.

2º Evaluamos la formación para demostrar impacto en negocio y para mejorar el propio proceso de formación.

3º No se puede evaluar el impacto de la formación en resultados sin asegurarse de que la formación responde a los resultados sobre los que se quiere impactar.

4º Los resultados sobre los que impacta la formación (competencias y por tanto desempeño) nunca o raramente son fruto del solo efecto de la formación.

5º Ninguna acción sin evaluación de nivel 1, la mayoría con evaluación de nivel 2 y ninguna de las especialmente importantes sin evaluación de nivel 3, 4 y 5 e, incluso, ROI.

6º Trabajar en la mejora del desempeño requiere trabajar desde una comprensión de nuestro rol diferente al de formadores y más cercano al de consultores del rendimiento o del desempeño humano.

8 | La rigidez de la flexibilidad. Claves de la flexibilidad laboral: cultura flexible y teletrabajo

Amparo Díaz-Llairó

El problema que justifica este capítulo es el combate frente al mito o la falsa creencia de que la las medidas de flexibilidad laboral y conciliación entre la vida personal y la laboral no favorecen la productividad de la empresa.

1. Los primeros días

Silvia lleva 100 días en su nueva empresa. Durante estas primeras jornadas ha dedicado un gran porcentaje de su tiempo a mantener reuniones en profundidad con los compañeros del comité de dirección, su equipo de Recursos Humanos y algunos supervisores y gestores de la organización. Ha realizado algunos cambios tanto en el área de Recursos Humanos como en políticas de este departamento, consiguiendo mejorar algunos aspectos relacionados con la gestión de personas, y se ha ganado la confianza del consejero delegado.

Silvia llegaba cada día sobre las 9 de la mañana, ya que primero pasaba por la guardería que estaba cerca de su casa a dejar a sus hijos de 2 y 3 años. Una mañana, cuando acababa de llegar a la oficina y se disponía a abrir el ordenador de su despacho, recibió la llamada del consejero delegado para mantener una reunión respecto al tema de la flexibilidad laboral y la conciliación en la empresa.

Este le comentó a Silvia que había leído en un reciente artículo en prensa que la flexibilidad organizativa mejoraba la productividad de la empresa y la satisfacción de los colaboradores. Especialmente le interesó implementar un sistema de teletrabajo. Él siempre había considerado que este aspecto era un tema cultural pero el director de Recursos Humanos que la precedía no supo ofrecerle una batería de medidas que beneficiaran a empresa y colaboradores. Él había pensado en la creatividad y experiencia de Silvia para que le presentara algunas nuevas medidas relacionadas con flexibilidad laboral para la plantilla, con la total seguridad de que no solo beneficiarían a la empresa sino también a sus colaboradores. La emplazó para tener una próxima reunión en dos semanas para que le propusiera las nuevas medidas de flexibilidad.

2. Ventajas de la cultura flexible en las organizaciones

Silvia estaba muy agradecida de la ayuda prestada por el TopTen HR y de nuevo llamó a uno de sus miembros para que la asesorara. Le explicó su nuevo reto de desmitificar el mito de que «la flexibilidad laboral no redunda en la mejora de los resultados de la empresa sino que solo favorece al colaborador». El miembro del TopTen le comentó algunas consideraciones previas que debería tener en cuenta:

- Respecto a las políticas de conciliación: las organizaciones deben ser conscientes de que avanzar hacia políticas que favorezcan una mayor flexibilidad en la organización del trabajo será imprescindible para lograr atraer y retener el mejor talento en sus organizaciones.

- La evolución social y la llegada de la Generación Y en las organizaciones facilitará la tendencia hacia entornos de trabajo más flexibles. La tecnología y las redes sociales permiten estar conectados de una forma totalmente distinta a la de años atrás.

- Es recomendable disponer de sistemas de horarios flexibles, teletrabajo o bolsas de horas que permitan flexibilizar las cargas de trabajo y mejorar la conciliación entre la vida personal y la laboral; de este modo los colaboradores estarán más motivados y comprometidos.

- La flexibilidad laboral ayuda aumentar la productividad de la empresa, proporcionando horas adicionales de servicio. Pero para que esto suceda se requiere de planificación y no necesariamente las mismas medidas son adecuadas para todas las situaciones.

- Una de las prioridades inmediatas en los tiempos que estamos viviendo es la flexibilidad, entendida e interiorizada por todos, empresa y colaboradores.

- Recordemos que la crisis es una palabra que significa oportunidad (la mitad de las empresas del *Fortune 500* se crearon en períodos de recesión y de crisis económica) y ahora es la oportunidad para que las empresas demuestren que son organizaciones innovadoras, flexibles y socialmente responsables, con unos valores corporativos que no solo estén escritos en la intranet de la empresa, sino que sean valores creíbles y estén en los corazones de sus colaboradores. El ganarse el corazón del colaborador es ganarse su compromiso y confianza, un desafío que tienen y tendrán las empresas en los próximos años.

Para ayudar a Silvia en el informe que tenía que realizar su consultor del TopTen le mencionó las cinco principales ventajas de aplicar en una organización una política corporativa de flexibilidad laboral (cuadro 8.1).

Cuadro 8.1 Cinco ventajas principales de las medidas flexibles

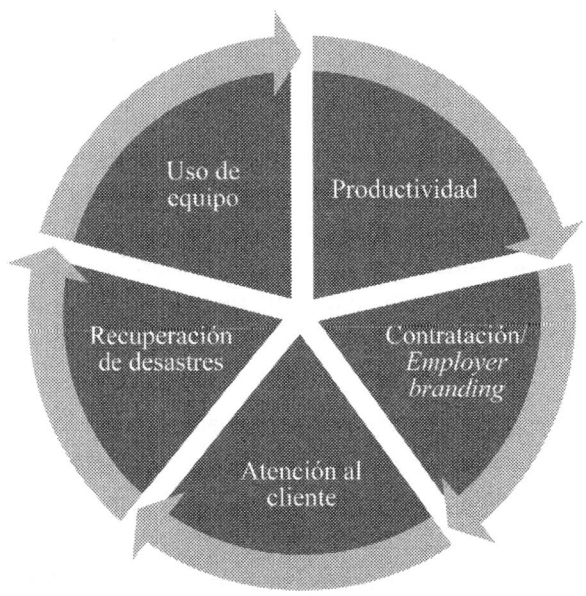

Fuente: Global Human Capital Group.

- Productividad: diversos estudios muestran que los teletrabajadores son un 20% más productivos cuando trabajan fuera de la oficina, ya que pueden concentrarse en su trabajo sin interrupciones. Además los horarios flexibles (bolsa de horas) permiten aumentar el rendimiento de los colaboradores al hacer posible que mantengan un mejor equilibrio entre las responsabilidades laborales y personales. La supervisión en los equipos de forma remota se basa en los objetivos marcados por lo que no se valora el presencialismo, que, como sabemos todos, no conlleva mejoras de productividad sino más bien lo contrario, ya que a más horas de trabajo en la oficina más gastos de luz, de equipos de trabajo, horas extra, etc.

- Contratación/*employer branding:* las personas se sienten atraídas por las compañías que ofrecen acuerdos de trabajo flexible y proporcionan propuestas innovadoras para el trabajo. El horario de trabajo flexible, por ejemplo, es especialmente atractivo para las madres trabajadoras, estudiantes, etc. El resultado es tener mayor número de candidatos calificados y colaboradores más satisfechos y comprometidos.

- Atención al cliente: un horario flexible y a tiempo parcial, por separado o en combinación, puede proporcionar soluciones eficaces para las áreas de negocio que deben ofrecer horas adicionales de servicio a sus clientes. El uso de estos enfoques y la programación creativa permiten reducir el exceso de horas extraordinarias, evitar el estrés innecesario de tiempo completo personal y satisfacer las necesidades del negocio. Muchas empresas utilizan un horario flexible para gestionar los flujos de trabajo que fluctúan debido a las demandas del negocio cíclico.

- Recuperación de desastres: los teletrabajadores, ante una situación de desastres naturales, huelgas de transporte, etc., están en condiciones de seguir atendiendo a los clientes.

- Uso de equipos de trabajo: teletrabajadores y colaboradores con horarios flexibles de trabajo pueden programar su día de trabajo fuera de las horas habituales de la empresa.

3. El primer informe: los tres vértices clave de la flexibilidad laboral

Silvia estaba leyendo un estudio sobre flexibilidad en el que se mencionaba el ranking de las mejores empresas flexibles y sus mejores prácticas. Silvia comparó las mejores prácticas de una de las empresas pioneras en el mismo sector que su empresa y realizó algunas notas para el informe que tenía que presentar al consejero delegado, ordenando el listado de medidas flexibles en tres vértices clave.

Silvia se reunió con su equipo de Recursos Humanos y juntos fueron proponiendo propuestas para mejorar la flexibilidad laboral teniendo en cuenta estos tres ejes clave: flexibilidad organizativa, equilibrio personal y profesional y cultura flexible (cuadro 8.2).

Cuadro 8.2 Los tres vértices clave de la flexibilidad laboral

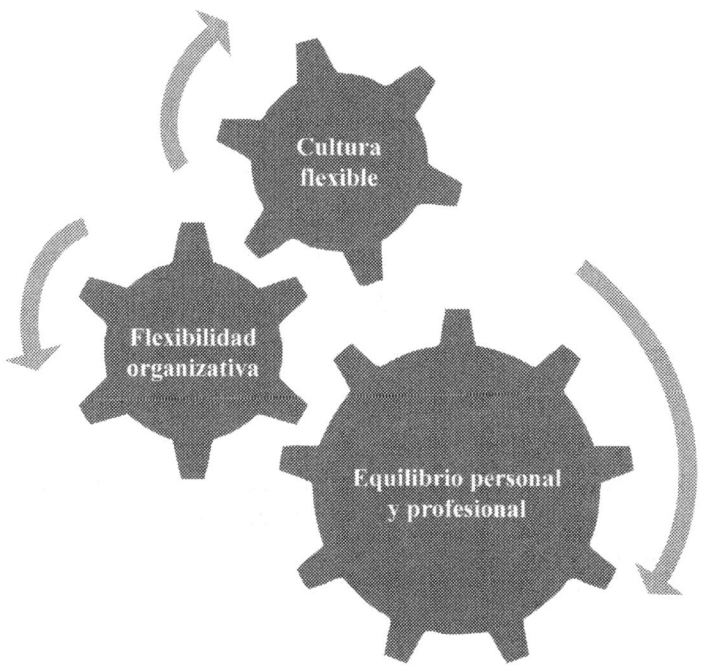

Fuente: Global Human Capital Group.

- Flexibilidad organizativa

  - Los colaboradores tendrán plena libertad para elegir su horario dentro de la nueva normativa interna, bolsa de horas de trabajo: entrada de 8.00 a 9.30 h y salida a partir de las 17.00 h. El sistema de bolsa de horas de trabajo se gestionará con un *software* específico que permitirá a gerentes y colaboradores poder tener control de la gestión de horas.

  - Los colaboradores tendrán plena libertad para elegir si desean optar por un sistema de teletrabajo en el marco de la nueva normativa interna *Guía del teletrabajo.*

  - Los colaboradores podrán optar por la medida de flexibilidad *Job Sharing;* esta práctica se aplica a dos colaboradores con contrato de jornada reducida para el mismo puesto de trabajo.

  - Las reuniones se celebrarán entre las 9.00 h y las 17.00 h y no terminarán más tarde de las 18.30 h.

  - Los viernes no se programarán reuniones ni cursos de formación que puedan superar las 15.00 h.

  - Todos los viernes del año los colaboradores podrán realizar jornada intensiva hasta las 15.00 h.

  - Todos los colaboradores podrán disfrutar de jornada intensiva entre el 1 de julio y el 15 de septiembre.

- Equilibrio personal y profesional

  - Ayudas:

    –La empresa contratará con un proveedor externo un nuevo servicio denominado «Programa de Ayuda al Empleado» (PAE) para facilitar a los colaboradores con familiares discapacitados a su cargo la asistencia telefónica las 24 horas, entre otros beneficios sociales.

    –La empresa concederá una ayuda mensual para financiar el gimnasio.

–La empresa diseñará un programa de salud laboral: revisiones oftalmológicas, asesoramiento ergonómico, etc.

* Maternidad/paternidad

–La empresa concederá en concepto de descanso de maternidad/paternidad una semana más de lo estipulado por la ley en caso de parto simple y dos semanas más si es un parto múltiple. El mismo criterio se aplica en caso de adopción.

–La empresa amplía a cinco días el permiso por paternidad.

• Cultura flexible

* Las vacaciones anuales se podrán disfrutar según elección del colaborador (siempre previo acuerdo con su supervisor).

* La empresa realizará planes de asesoramiento en temas de conciliación, gestión del tiempo, del estrés, de la diversidad. Los planes de formación serán personales, con lo que cada empleado podrá conversar con su supervisor o gerente las condiciones que mejor se adecúen a sus necesidades.

* Todas estas medidas de flexibilidad estarán publicadas en la intranet de la empresa, a disposición de todos los colaboradores. También se comunicarán vía correo electrónico y la red social corporativa todas las novedades.

Silvia ya tenía esta batería de propuestas y quería adjuntar en un breve gráfico las principales ventajas de la flexibilidad laboral, así que destacó los siguientes beneficios para la empresa: reducción del absentismo, incremento de las productividad, incremento de la motivación, mejora del desempeño (cuadro 8.3).

Los beneficios para el colaborador pueden verse en el cuadro 8.4 y serian: estabilidad emocional, balance trabajo/familia, beneficios sociales, reducción del estrés.

Cuadro 8.3 Beneficios de la flexibilidad laboral para la empresa

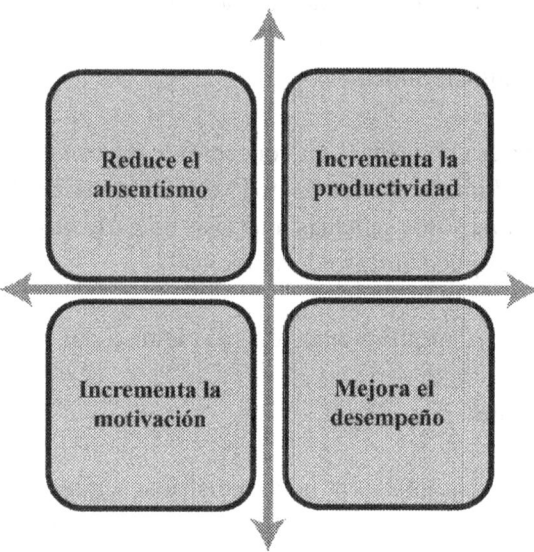

Fuente: Global Human Capital Group.

Cuadro 8.4 Beneficios de la flexibilidad laboral para el colaborador

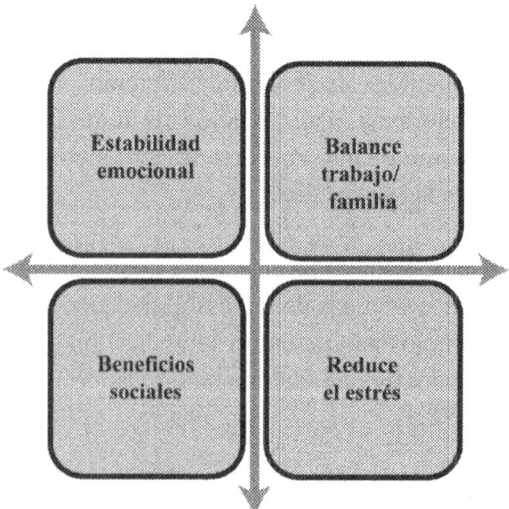

Fuente: Global Human Capital Group.

Silvia se reunió de nuevo con el consejero delegado y le propuso estas nuevas medidas en el marco de crear una cultura de empresa flexible. Las medidas le parecieron muy acertadas pero en el momento de recesión en el que se encontraba la empresa no todas ellas se podrían implementar de forma inmediata, por lo que el consejero delegado emplazó a Silvia a que en primer lugar, como medida prioritaria, definiera un sistema de teletrabajo, ya que especialmente en tiempos de crisis la empresa podría ahorrarse el alquiler de algunas plantas de las principales sedes en Barcelona y Madrid, ganando por otra parte sus colaboradores en mejoras de su conciliación entre la vida personal y la laboral. Quedaron en reunirse de nuevo a la semana siguiente. Silvia disponía de una semana para realizar un informe que detallara los pasos a seguir en la implementación de un sistema de teletrabajo.

4. El segundo informe: diseño de la política corporativa de teletrabajo

Silvia empezó a redactar un nuevo informe, en esta ocasión el diseño de la política corporativa de teletrabajo.

4.1. ¿Qué es el teletrabajo?

Existen diversas definiciones del teletrabajo, por ejemplo: «el teletrabajo es la forma de organización del trabajo, utilizando las tecnologías de la información, en el marco de una relación laboral en la cual un trabajo que podría ser realizado igualmente en los locales de la empresa se efectúa fuera de estos locales de forma regular».

Actualmente en España el teletrabajo se está relacionando directamente con las políticas e iniciativas de igualdad de oportunidades. El teletrabajo se está también considerando como una valiosa contribución al equilibrio y sostenibilidad de la sociedad.

4.2. Consideraciones clave de implementación del teletrabajo

Antes de la implementación del teletrabajo, Silvia planteó en su informe algunas cuestiones clave (se detallan en el cuadro 8.5).

Cuadro 8.5 Cuestiones clave de la implementación del teletrabajo

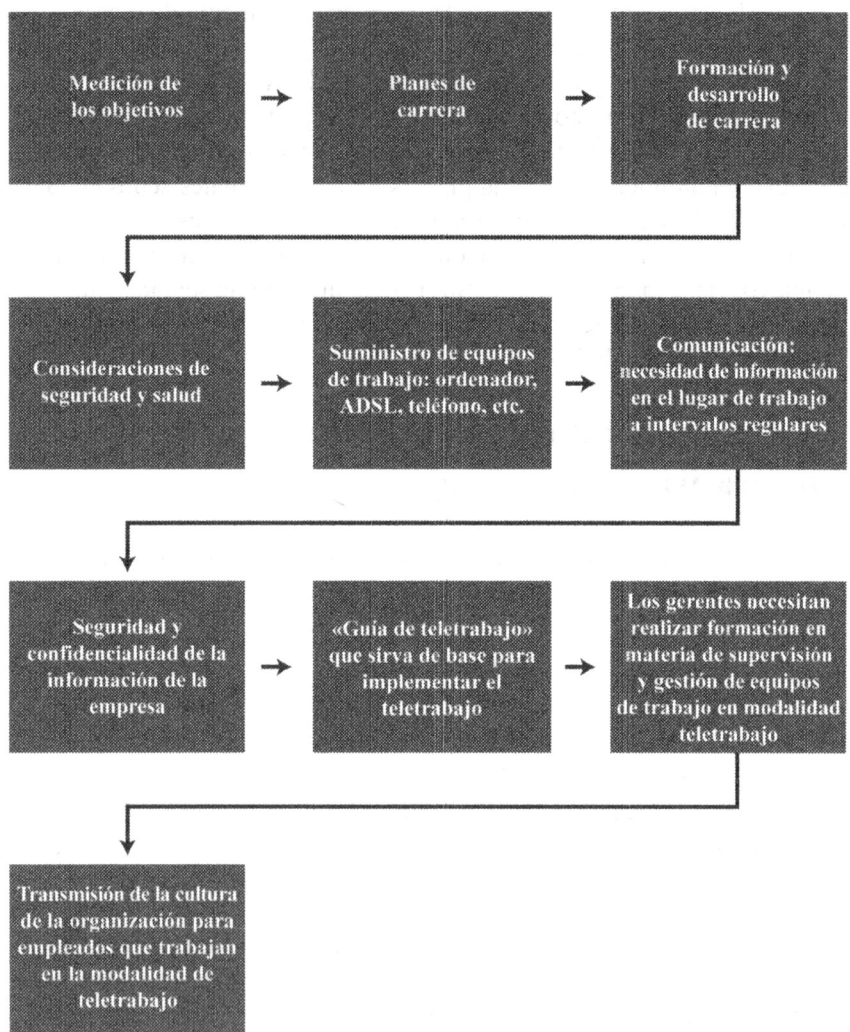

4.3. Beneficios para la empresa

Silvia planteó en su informe las principales ventajas de aplicar el teletrabajo en la empresa (se detallan en el cuadro 8.6).

Cuadro 8.6 Ventajas de la aplicación del teletrabajo

Disminuye el absentismo
• El teletrabajo permite que los trabajadores concilien mejor su vida personal y profesional. Esto conlleva directamente una reducción del absentismo, ya que los colaboradores no se ausentan de la empresa solicitando días personales para satisfacer las necesidades familiares.
Mayor productividad
• El teletrabajo ayuda a aumentar la productividad de los colaboradores ya que no son susceptibles a las distracciones de compañeros de la oficina, etc. Los colaboradores también tienen más energía al evitar traslados y atascos en los viajes *in itinere*.
Ahorro en los gastos fijos de la oficina
• El teletrabajo permite a las empresas ahorrar en espacio físico para la oficina y sus gastos asociados (iluminación, aire acondicionado, etc.).
Atracción y retención del mejor talento
• Para algunos colaboradores la posibilidad de poder teletrabajar les resulta muy atractivo. Las empresas con cultura de trabajo flexible se citan como mejores empresas para trabajar y esto ayuda a traer y retener a los mejores colaboradores.

Fuente: Global Human Capital Group.

4.4. ¿Todos los colaboradores son buenos candidatos para realizar teletrabajo?

Trabajar desde casa no es una solución para todos y Silvia ya tenía experiencia en implementar sistemas de teletrabajo en otras organizaciones y había visto cómo con algunos colaboradores este sistema había fracasado. Silvia quería destacar en su informe los siguientes atributos estrella que tendría que tener un colaborador que desee optar por la modalidad de teletrabajo:

Cuadro 8.7 Atributos estrella del teletrabajador

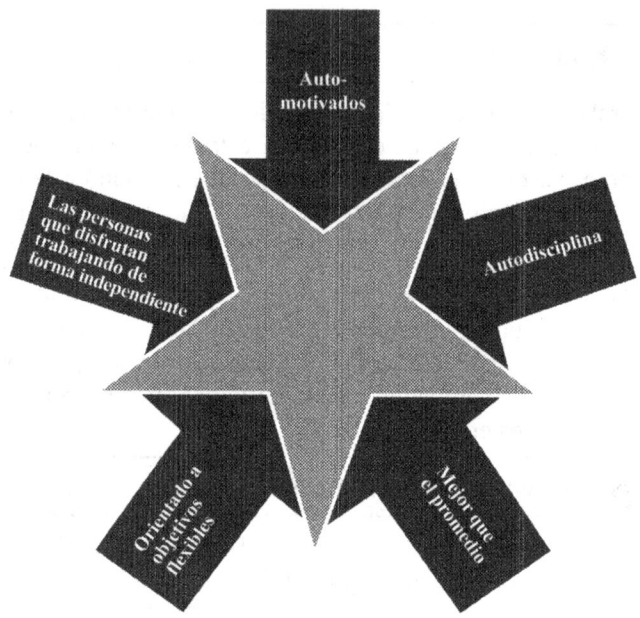

Fuente: Global Human Capital Group.

- Automotivados, ya que deben tener una motivación personal e iniciativa para que de forma autónoma puedan motivarse sin necesidad de tener a un supervisor o gerente que les supervise de forma presencial.

- Autodisciplinados, ya que deben ser colaboradores con cierta madurez personal y profesional que les permita atender a ambas demandas laborales y familiares (esto se menciona porque en algunos casos se confunde realizar teletrabajo con poder atender a hijos o cuidado de familiares dependientes).

- Mejores que el promedio: deben ser colaboradores con un excelente historial en sus evaluaciones de desempeño.

- Orientados a objetivos flexibles: deben ser colaboradores que sepan cómo planificar y gestionar sus objetivos y el tiempo dedicado.

- Personas que disfrutan trabajando de forma independiente con la interacción social mínima.

Con el fin de saber qué colaboradores de la organización podrían ser o no excelentes candidatos a optar por el teletrabajo, Silvia preparó unas breves preguntas de autoevaluación o autoconocimiento para que lo pudiera realizar individualmente cada colaborador interesado y saber si estaría preparado para trabajar de forma remota (cuadro 8.8).

Cuadro 8.8 Test de autoevaluación para teletrabajadores

TEST DE AUTOEVALUACIÓN: ¿estás listo para trabajar de forma remota?

1. ¿Tengo la experiencia y habilidad para trabajar por mi cuenta, sin necesidad de tener supervisión?

2. ¿Soy disciplinado, con buenos hábitos de organización del trabajo?

3. ¿Es muy importante para mí interactuar cara a cara con otras personas en la oficina para hacer mi trabajo?

4. ¿Echo de menos ver a la gente de la empresa durante el día?

5. ¿Cuáles de las funciones de mi trabajo se podrían hacer desde casa? ¿Estas funciones pueden ser programadas en un día de trabajo a distancia?

6. ¿Cómo mis clientes y compañeros de trabajo se verán afectados si yo realizo teletrabajo?

7. ¿Tengo una gran motivación para el teletrabajo? Por ejemplo, ¿el deseo de evitar el viaje agotador, de traslado al trabajo, equilibrar mejor las exigencias del trabajo y la familia?

8. ¿Es mi casa un lugar propicio para el trabajo? ¿Hay un lugar en la casa que puede establecerse como un área de trabajo?

Pero estas eran unas breves preguntas que podrían ampliarse en un cuestionario con más profundidad y analizar los factores de éxito de un colaborador que realice teletrabajo.

¿Está preparado un colaborador para realizar teletrabajo con éxito?

Esta encuesta realizada por Silvia ayuda a evaluar la preparación del colaborador en cuatro dimensiones: requisitos previos, habilidades, estilo de trabajo y actitudes. El resultado del test ayudará a identificar mejor al colaborador indicando sus fortalezas así como las posibles barreras que tenga que superar para afrontar con éxito el trabajar con la modalidad de teletrabajo.

Las instrucciones del test son para el colaborador serían las siguientes:

«Puntúa de ti mismo en cada uno de los siguientes factores al seleccionar el número que corresponda, de 1 (bajo) a 5 (alto). Si no está seguro de la respuesta seleccione 3 (una calificación neutral)».

Cuadro 8.9 Test de evaluación de preparación para teletrabajadores

Requisitos previos. Factores:	1 2 3 4 5	Nivel de conocimiento del trabajo que usted realiza (es importante saber el grado de autonomía; si es nuevo en el puesto, quizá requiere de mayor supervisión y contacto con otros colaboradores para sentirse más cómodo).
	1 2 3 4 5	Experiencia en el trabajo. Productividad (este dato será cotejado con la evaluación del desempeño).
	1 2 3 4 5	La calidad general del trabajo (este dato será cotejado con la evaluación del desempeño).
	1 2 3 4 5	Habilidad en la adaptabilidad para trabajar en modalidad de teletrabajo.
Los factores de habilidad:	1 2 3 4 5	Habilidad para la planificación y organización del tiempo.
	1 2 3 4 5	Habilidad en la gestión de proyectos.

	1 2 3 4 5	Habilidad para la autodisciplina y para marcarse unas metas diarias, semanales, etc. y planificar la consecución de los objetivos marcados.
	1 2 3 4 5	Habilidades comunicativas (tanto verbales como escritas).
	1 2 3 4 5	Habilidades con la tecnología.
	1 2 3 4 5	Habilidad para trabajar de forma productiva sin necesidad de supervisión y/o frecuentes *feedbacks*.
	1 2 3 4 5	Flexibilidad. Capacidad para trabajar en constante cambio de situaciones sin la necesidad de sentirse aislado por no tener a sus compañeros del trabajo actual.
	1 2 3 4 5	Independencia/capacidad de autogestión.
Factores de actitud:	1 2 3 4 5	Deseo de flexibilidad de horarios.
	1 2 3 4 5	Motivación por conocer nuevas formas de trabajo.
	1 2 3 4 5	Interés y entusiasmo por el teletrabajo.

Con las consideraciones previas y los test de autoevaluación, Silvia tenía claro qué colaboradores serían o no candidatos de éxito para realizar teletrabajo, pero ahora tenía que plantear las claves para preparar a la organización para este nuevo sistema de teletrabajo.

4.5. ¿Está preparada la organización para implementar un sistema de teletrabajo con éxito?

Hay tres áreas clave para evaluar la preparación de un grupo de teletrabajo: la gestión del desempeño, el uso y el apoyo de la tecnología y las comunicaciones.

Cuadro 8.10 Claves para evaluar la preparación de un grupo de teletrabajo

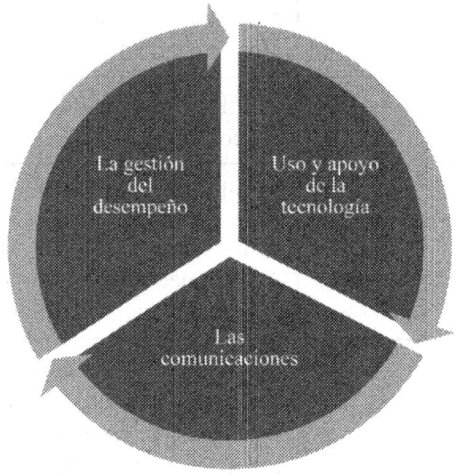

Fuente: Global Human Capital Group.

Silvia redactó de nuevo un test para saber si su organización estaba preparada para el teletrabajo, valorando con 1 la puntuación más baja y con 5 la puntuación más alta. El valor de esta evaluación trataba de identificar las fortalezas y debilidades para garantizar el éxito de la implementación del teletrabajo.

Cuadro 8.11 Test de evaluación para organizaciones: ¿está la organización preparada para implementar una política de teletrabajo?

Gestión del desempeño:	1 2 3 4 5	La medida en que los colaboradores tienen una buena relación conocimiento del producto/servicio y la consecución de los objetivos.
	1 2 3 4 5	La medida en que se evalúa el desempeño y los resultados.
	1 2 3 4 5	El grado en que los colaboradores saben desarrollar sus objetivos en función de los objetivos funcionales.

	1 2 3 4 5	El grado en que los colaboradores son evaluados con anterioridad a la reunión anual de evaluación del desempeño.
Uso y soporte de las nuevas tecnologías:	1 2 3 4 5	El nivel general de los colaboradores en relación al uso de la tecnología.
	1 2 3 4 5	El grado de eficacia en el uso de la tecnología.
Comunicación:	1 2 3 4 5	La medida en la que los colaboradores disponen de un circuito de comunicación sin necesidad de comunicarse cara a cara.
	1 2 3 4 5	La velocidad con que las personas responden a los mensajes que se envían en la organización.
	1 2 3 4 5	La medida en la que los colaboradores tienen la capacidad de poder trabajar sin la necesidad diaria de comunicarse cara a cara.

Silvia analizó los resultados del test y viendo que fueron positivos pensó en los consejos que tendría que dar a los mandos intermedios de la organización para que el sistema de teletrabajo se implementara de forma exitosa.

4.6. ¿Están preparados los supervisores y gerentes para tener equipos en la modalidad de teletrabajo?

Silvia redactó unos consejos para facilitar el proceso de implementación del sistema de teletrabajo:

1. Desarrolle un mayor nivel de confianza con su equipo presencial y con su equipo de teletrabajo, pero mantenga la supervisión de los equipos, incluso cuando las personas no están presentes en la oficina.

2. Utilice la tecnología para mantenerse en contacto con los teletrabajadores (por ejemplo, reuniones vía videoconferencia).

3. Planifique con mayor antelación tanto las reuniones como otras
actividades del equipo presencial y el equipo de teletrabajo.

4. Adopte medidas basadas en la colaboración de equipos de forma
electrónica en lugar de papel.

5. Plantéese o reconsidere determinados puestos de trabajo para reorganizar tareas.

Asimismo, Silvia redactó de forma gráfica una tabla resumen para los
supervisores y gerentes con lo que hay que hacer y lo que no hay que
hacer (cuadro 8.12).

**Cuadro 8.12 Lo que se debe y no se debe hacer en materia de
teletrabajo**

Qué hacer	Qué no hacer
• Delegar de manera justa entre los teletrabajadores y no teletrabajadores. • Transmitir confianza al equipo. • Pensar que la gestión de un equipo en teletrabajo es un reto/ oportunidad para fortalecer la capacidad de gestión de equipos. • Gestionar mediante la medición de resultados. • Comunicar de forma regular. • Mantener una mente abierta sobre el teletrabajo: si un acuerdo no funciona, no significa que el próximo no lo hará.	• Realizar controles de toque de queda. • Llamar al teletrabajador cada hora para comprobar el progreso o solicitar informes de manera constante. • Ignorar al teletrabajador. • Contar con plazos poco realistas para los proyectos o establecer metas inalcanzables. • Permitir que un intento fallido con un colaborador cree precedente para no seguir con el teletrabajo.

Silvia cada vez tenía el informe más definido y ahora pensaba en la comunicación a todos los estamentos de la organización.

4.7. ¿Cómo comunicar la política de teletrabajo?

Ahora se trataba de redactar algunos aspectos generales para adjuntar en la comunicación de la nueva política corporativa de teletrabajo que incluiría dentro de la *Guía del teletrabajo:*

1. La participación en el programa de teletrabajo es de carácter voluntario.

2. El puesto de trabajo en el domicilio del colaborador se considera una extensión de la empresa. Por tanto, son de aplicación todas las políticas corporativas y los aspectos de confidencialidad de datos, seguridad de la información y riesgos laborales.

3. Periódicamente el supervisor o gerente correspondiente revisará los progresos del colaborador para asegurar la efectividad operativa que le permita cumplir con los objetivos establecidos en la evaluación del desempeño.

4. El equipo técnico (ordenador, teléfono, etc.) proporcionado por la empresa para el teletrabajo es propiedad de la empresa y es responsabilidad del colaborador su cuidado y buen uso.

5. El colaborador que sea elegible para realizar teletrabajo deberá asistir a una sesión formativa para facilitar la adaptación al teletrabajo.

4.8. Desmitificando los mitos: conclusiones sobre las políticas de flexibilidad laboral a nivel internacional

Silvia quería concluir el informe que iba a entregar al consejero delegado con un reciente estudio de Regus (2011) realizado a más de 17.000 empresas de 80 países, en el que destacó las siguientes conclusiones:

• El 85% de las empresas de Estados Unidos ahora ofrecen a sus colaboradores algún tipo de flexibilidad en el trabajo.

- El 75% de las empresas que ofrecen trabajo flexible afirman que su personal tiene significativamente mejor equilibrio trabajo-vida y ha mejorado la satisfacción y la motivación.

- Además, la mitad cree que la flexibilidad laboral mejora la productividad del personal y el 25% dice que aprovechar un entorno de trabajo flexible les ayuda a adaptarse rápidamente para hacer frente a un crecimiento rápido.

- Más del 30% de las empresas que tienen políticas de trabajo flexible tienen también más posibilidades de seleccionar al mejor talento.

- La confianza sigue siendo un obstáculo importante para muchas compañías que ofrecen flexibilidad en el trabajo.

- Cuando se trata de la gestión de equipos flexibles, la formación es clave, ya que ayuda a los gerentes a llenar los vacíos en su estilo de gestión propio.

Para concluir, Silvia quiso adjuntar también un interesante estudio internacional de Worldatwork (2011) a más de 500 profesionales de Recursos Humanos sobre flexibilidad laboral:

1. Las opciones de flexibilidad varían según el sector. Organizaciones privadas que cotizan en bolsa y organizaciones sin fines de lucro por lo general ofrecen una mayor flexibilidad.

2. Las opciones de flexibilidad varían según la industria. Finanzas y seguros, servicios de consultoría, así como los profesionales, científicos y técnicos ofrecen flexibilidad en el trabajo un poco más que otras industrias. Fabricación ofrece menos opciones de flexibilidad en promedio y hay un notable diferencia en la prevalencia de las opciones de teletrabajo para esta industria, probablemente debido a la naturaleza típica del trabajo a menudo requiere que los colaboradores estar en el sitio.

3. Las organizaciones de mayor tamaño ofrecen más flexibilidad en su programas de conciliación entre la vida personal y la laboral. El número de colaboradores que una organización tiene está relacionado con el número de programas que se ofrecen. Cuanto mayor

sea la organización, mayor será el número de acuerdos de trabajo flexible que existen.

4. El teletrabajo a tiempo completo se ofrece en un 37% de las organizaciones.

5. Los lugares del teletrabajo varían, pero la casa del colaborador es el lugar más frecuentemente utilizado. En casi el 70% de las organizaciones que ofrecen teletrabajo los colaboradores habitualmente trabajan desde su casa.

6. El 53% de las organizaciones ofrece horarios flexibles para todos los colaboradores, frente al 24% que solo se lo ofrecen a algunos de sus colaboradores.

7. El 79% de las organizaciones dice que si ofrecen horarios flexibles hay horas centrales que requieren que todos los colaboradores trabajen durante un bloque específico de tiempo. El período de mayor frecuencia de las horas centrales fue de 09.00 h a 16.00 h.

8. El 50% de las organizaciones ofrece semanas laborales comprimidas.

9. La flexibilidad laboral se cree que tiene un efecto muy positivo en compromiso, motivación y satisfacción. Un 72% afirma que los programas de flexibilidad tienen un alto impacto en el compromiso y motivación de los colaboradores.

10. Las oportunidades de carrera no están limitadas por el uso de modalidades de trabajo flexible. El 70% dice que la progresión de la carrera o las oportunidades de desarrollo no son afectadas por el consumo de flexibilidad por parte de un empleado. Solo el 6% cree que hay un efecto negativo, causando que el empleado tienen menos oportunidades, si utiliza la flexibilidad.

11. El retorno de la inversión de la flexibilidad laboral no se está midiendo. Solo el 7% de las organizaciones hizo un intento de cuantificar el retorno de la inversión de los programas de flexibilidad mediante la medición de la productividad, la satisfacción del cliente, la calidad del producto, etc.

12. Los arreglos flexibles de trabajo a menudo se incorporan a los planes de continuidad del negocio. Un 56% de las organizaciones tiene un plan de continuidad del negocio escrito que consiste en

el uso de la flexibilidad si hay un desastre u otra circunstancia que pudiera impedir que la empresa funcione con normalidad.

13. Los obstáculos a la implementación de flexibilidad: un 25% de las organizaciones dice que la mayor resistencia procede de la alta dirección y/o la falta de puestos de trabajo propicios para estos acuerdos.

14. La reciente recesión no tuvo impacto sobre las ofertas de trabajo flexible. Un 79% de las organizaciones dice que sus programas de flexibilidad no se vieron afectados por la recesión económica, mientras que el 14% hizo cambios relacionados con la recesión.

EN RESUMEN

- Hay que analizar las ventajas de la cultura flexible en las organizaciones.

- Definir los tres vértices clave de la flexibilidad laboral: flexibilidad organizativa, equilibrio personal y profesional y cultura flexible.

- Diseñar la política corporativa de teletrabajo.

- Identificar los beneficios clave para la empresa y para el colaborador.

- Detectar qué colaboradores están preparados para realizar teletrabajo con éxito.

- Identificar si una organización está preparada para implementar un sistema de teletrabajo con éxito: ¿están preparados los supervisores y gerentes para tener equipos en la modalidad de teletrabajo?

- Aprender a comunicar de forma eficaz la política de teletrabajo en la empresa.

9 | El negocio de entender el negocio. Los recursos como palancas y las personas como recursos

Javier Martín de la Fuente

Las organizaciones empresariales viven a la caza continua de objetivos: crecimiento, consolidación o incluso reducción. La adaptación a las situaciones de mercado es su realidad. Son las que más rápidamente consiguen adecuarse a las circunstancias, o las que las anticipan, las que consiguen triunfar.

Las personas suelen ser consideradas un recurso necesario, incluso el más importante de la empresa. Como recurso que son, se ven afectadas por la continua presión hacia el objetivo. Es un mito ampliamente extendido que a mayor presión mayores resultados. Un mito mecanicista que en la realidad no funciona más que a cortísimo plazo y con consecuencias no deseadas, aunque justificadas por la necesidad de alcanzar la meta deseada.

Este mito parte de la consideración de que las organizaciones empresariales, como todas otras formas de organización social, tienen su elemento clave en las personas. «Las personas son nuestro valor más importante» es un eslogan ampliamente difundido en las memorias de las grandes organizaciones y en los discursos de sus altos directivos. Se parte de una base errónea: lo más importante que tienen las organizaciones no son las personas sino las relaciones entre las personas que la componen.

Al enfocar la composición de la empresa como una suma de relaciones personales y no como la acumulación de personas con más o menos talento, el camino hacia los objetivos se ha de abordar desde una perspectiva diferente a la de la presión. El mito de la presión para conseguir resultados queda desmontado por la aseveración de que no existe mayor presión para alcanzar una meta que la que cada individuo se impone a sí mismo.

Gestionar las relaciones entre las personas para que esto sea así es la vía para conseguir alcanzar cambios rápidos y duraderos en la cultura de la organización y con ello resultados a corto, medio y largo plazo.

En este capítulo Silvia desmontará el mito de la presión para alcanzar resultados y desarrollará las claves de la gestión de las relaciones entre las personas que componen la organización.

***

Silvia se enfrentaba a un momento de mercado difícil, en la compañía no se habían tomado medidas drásticas pero o el escenario cambiaba o no quedaría más remedio; los números seguían sin cuadrar y desde la dirección general se pedían más esfuerzos y más presión. Tenían que gestionar el negocio mejor, con más eficiencia. La sentencia que esos días se oía en el comité de dirección era: «señores, para gestionar un negocio hay que tomar decisiones difíciles, todos lo sabéis. Reduzcamos al mínimo todo tipo de gastos: viajes, consultoría, formación, replanteemos inversiones no esenciales, etc.».

Silvia sabe que gestionando solo el negocio no van a conseguir sus resultados; es más, la posible aplicación del plan que se vislumbra detrás de las palabras del director general va a provocar mayores dificultades. Quizá no a corto plazo; con sangre, sudor y más de una lágrima el ratio de beneficio estará alcanzado, pero, ¿es la mejor de las maneras? ¿Qué pasará con posterioridad?

Un mito arraigado en nuestra cultura es que cuanto más encima estamos de una situación más facilidad tendremos para conseguir un resultado. Nuestro resultado. Esto no es gestionar un negocio, esto simplemente es apagar un incendio y después de los incendios quedan los restos quemados, nada más.

Silvia se hacía algunas preguntas:

- ¿Por qué los cambios introducidos en meses anteriores no habían dado los frutos necesarios?

- ¿De qué depende la productividad, además de unos buenos procesos, unas buenas herramientas y un buen plan de trabajo?

La respuesta le venía fugazmente a la cabeza: del estilo de liderazgo.

Los líderes de la organización están perfectamente cualificados, tienen sus planes de desarrollo, han pasado por universidades y escuelas de negocio, incluso varios de ellos estaban inmersos en programas de *coaching* y algunos trabajan como mentores. Ese no debía de ser el reto. Silvia se preguntaba qué parte del liderazgo era la clave para la productividad:

- La productividad depende del compromiso.

- El compromiso depende de la motivación.

- La motivación depende de un espacio de confianza.

- La confianza solo existe en un determinado clima.

- Un determinado clima depende del liderazgo.

- El liderazgo se puede ejercer si se conoce a la plantilla.

Para pensar sobre ello Silvia empezó a trabajar en cada uno de los factores, utilizando un esquema ligado al negocio:

- ¿Conceptualmente qué significa cada uno de ellos?

- ¿Qué implicaciones tienen en el negocio?

- ¿Cómo aplicarlos al día a día de una manera pragmática?

Silvia se está planteando un cambio cultural y necesita resultados rápidos.

1. Conocer a la plantilla

¿Qué es realmente conocer a la plantilla, a las personas? ¿Saber quiénes son? Incluso después de muchos años trabajando con ellas, solo tenemos una ligera idea de cuáles son sus limitaciones personales (no competenciales), sus aficiones, su familia, sus amigos. Tendemos a centrarnos profundamente en el rol que van a desempeñar y superficialmente en el ser humano que lo va a desempeñar.

Primero conocemos lo que tienen:

- Un título académico o unos conocimientos.

- Una experiencia desarrollada en la empresa o fuera de ella.

- Una edad, un estado civil.

- Un determinado carácter, que finalmente está tamizado por el entorno de relación donde les juzgamos.

Ponemos a cada persona una etiqueta. De esta manera, a lo largo del tiempo conseguimos que se comporte según ella. Pero, sabemos poco más de ellos, entonces, ¿cómo vamos a relacionarnos con alguien y, por tanto, gestionarlo o liderarlo, si no lo conocemos de verdad?

- ¿Qué persiguen? ¿Cuál es su objetivo vital a corto y medio plazo?

- ¿Cuáles son sus anclajes profesionales o personales: la autonomía, la seguridad, el riesgo, lo técnico, el emprendimiento, la estabilidad...?

- ¿De dónde sacan la energía para continuar?

- ¿Cuáles son sus limitaciones, sus fantasmas, sus miedos?

- ¿Para qué les sirve, además de conseguir dinero, el rol que están desempeñando?

- ¿Hasta qué punto quieren seguir desempeñándolo?

- ¿Qué les gustaría hacer y para qué?

Algunas de estas preguntas son realmente arriesgadas, pero, ¿cuáles son las consecuencias de que alguien esté desempeñando un rol que no le gusta, por ejemplo?

Conocer algunas de estas respuestas, por complicadas que sean, facilita la relación y la toma de decisiones que afectan a los miembros de un equipo. Es labor del líder enfrentarse a ellas y gestionarlas sabiendo que eso mejorará su capacidad de influencia.

El líder influye en el otro cuando el otro le otorga esa habilidad. La condición de influyente parte del influido, quien se deja influir. La influencia no tiene rango de categoría, depende de un factor básico: la confianza.

Sin conocer quién es la persona que desempeña el rol asignado en el equipo, la influencia del líder se ve mermada y con ello su capacidad de persuasión. Si el líder no es capaz de persuadir a su equipo de la necesidad de alcanzar un determinado objetivo se verá en la obligación de convencerles.

Se trata, pues, de influir en los demás en pos de un objetivo concreto. La persuasión, por tanto, también está directamente conectada con la confianza.

Mientras que la influencia es otorgada por el influido, el convencimiento no. Es justo lo contrario. El líder es capaz de convencer porque utiliza argumentaciones más precisas, porque tiene el poder de su parte o simplemente porque maneja mejor el lenguaje. Debajo del convencimiento está la victoria de quien ha conseguido convencer al otro y consecuentemente la derrota del otro.

Un líder que actúa únicamente por convencimiento gestionará un ejército de derrotados. Una persona influyente gestionará un ejército de líderes.

Una de las funciones principales del líder es la de conocer a su gente, conocer a la persona, no únicamente el rol que desempeñan. Un líder no debe confundir el ser y el tener.

No todas las personas se conocen a sí mismas. No saben qué quieren, dónde quieren estar o cuál es su objetivo vital. En algunos casos porque ni se lo han planteado y en otros porque no saben cómo hacerlo. En estas ocasiones hay que empezar por conseguir que la persona se conozca a sí misma.

Silvia andaba en estas reflexiones cuando le vinieron a la cabeza diferentes escenas que representaban lo que estaba pensando:

- La sorpresa de uno de sus colegas de comité cuando un miembro de su equipo estuvo de baja por depresión. A ella no le quedó más remedio que hacer un estudio sociolaboral por el riesgo de *mobbing*. La sorpresa vino por la respuesta del resto del equipo. Lejos de estar contentos, estaban hartos del jefe. Y eso que este es de los buenos.

- Su intento de hacer crecer a una de las personas de servicios generales para que tuviera un mejor sueldo y mejor vida. Él se negaba. ¿Sería por miedo, o realmente por falta de espíritu?

- Las grandes dificultades que los directivos y gestores de la organización tienen para mantener reuniones de *feedback*.

- Aquel vendedor que todos decían que era un prepotente y un chulo. Cada vez que tenía que hacer alguna presentación ante el comité comercial se le juzgaba como tal. Nadie se había parado a darle *feedback* o a tener una conversación para saber qué le pasaba.

Le venían a la cabeza cientos de situaciones donde se partía de un desconocimiento casi absoluto de la persona. ¿Cómo conseguir que esto no fuera así?

Quienes deben conocer a las personas son los líderes, sin que ello signifique que Recursos Humanos o la dirección general se laven las manos. ¿Qué herramientas puede poner Silvia a disposición de los líderes para potenciar este elemento del liderazgo?

- Introducir en los programas de liderazgo esta manera de gestionar personas. Una alternativa más para reforzar las vías para alcanzar los objetivos.

- Desarrollar un programa interno que permita a las personas conocerse mejor y plasmar sus objetivos vitales. Estos objetivos vitales serán compartidos con los directivos que pasan por la formación de liderazgo.

- Redefinir el *feedback* en la organización, haciendo que no sea una única conversación, sino que se establezca como vía habitual de diálogo. Poner en marcha un grupo piloto.

- Establecer un punto de partida a través del análisis del clima actual de la organización. Hacerlo de manera *online* y estrictamente confidencial. Esto permitirá conocer la evolución de la nueva manera de gestionar.

- Utilizar el programa de mentores, o ponerlo en marcha, con personas que tengan o adquieran esta especial sensibilidad hacia la persona, no únicamente hacia el rol.

Silvia sabe qué medidas de este tipo no pueden ser aisladas y que deben de comenzar por el propio comité de dirección. Empezó a pensar en sus compañeros, los conocía bien, como profesionales, pero ¿quiénes eran en realidad? Sabía que a alguno de ellos, a la mayoría, le saldría un sarpullido de pensar que tendrían que trabajar con la persona y no con el rol. En cambio el director general podría ser más permeable a estas ideas. Una primera reunión con el comité de dirección se hacía totalmente necesaria. Primero debería persuadirlos. Si no se mostraban vulnerables entre sí, ¿cómo iban a conseguir que el resto de la plantilla lo hiciera, al menos los gestores, con ellos?

La vulnerabilidad, es decir, el hecho de reconocer que se puede hacer mejor o que no se sabe, es el principio del aprendizaje. El que no se muestra vulnerable pierde oportunidades de desarrollo personal y profesional.

Lo contrario de un aprendiz no es un maestro sino un necio.

Lo siguiente que se plantea Silvia es qué componentes debe tener ese liderazgo para que cree el clima adecuado en la organización.

2. Liderazgo productivo

Gestionar un negocio correctamente significa hacer todo lo posible para alcanzar los objetivos planteados. Gestionar correctamente es utilizar de manera adecuada, eficiente, todos los recursos al alcance del gestor.

La diferencia entre un gestor y un líder se basa en el comportamiento humano.

El gestor utiliza recursos en pos de un objetivo, el líder moviliza los recursos para alcanzar ese objetivo. El recurso gestionado está a la espera de órdenes, por el contrario el movilizado está a la espera de objetivos.

Un líder traslada la responsabilidad de alcanzar el objetivo a sus recursos, en concreto a las personas con las que trabaja. Cada uno debe asumir su cuota de autoridad ante sus clientes y proveedores.

Un líder productivo no trabaja con su equipo, trabaja para su equipo. Trabajar para el equipo y estar a su servicio tiene varias implicaciones desde un punto de vista de liderazgo tradicional:

- El concepto de delegación hay que elevarlo a sus mayores límites. Cada uno de los miembros del equipo son enteramente responsables de los objetivos a alcanzar y en ellos reside la autoridad y el poder para conseguirlo.

- El trabajo en equipo toma su acepción más eficiente. El líder se convierte en el entrenador del equipo. Está atento a las necesidades de cada uno de ellos, asegurándose de que son capaces de encontrar las herramientas adecuadas para alcanzar el objetivo.

- La toma de decisiones se dinamiza, al igual que las relaciones con los clientes y proveedores externos e internos. Cada persona es responsable de hacer todo lo posible para alcanzar el objetivo asignado; a partir de ahí, se establece de manera natural una hoja de ruta para cada objetivo. Las relaciones entre líder y equipo comienzan, necesariamente, por analizar qué pasos se van a dar hacia el futuro, para esquivar o saltar los retos que se interponen con ese objetivo. Se toman decisiones hacia el futuro: hechos y realidades pasadas no tienen que producir, necesariamente, los mismos efectos en el presente o en el futuro.

- Los sistemas de control se convierten en sistemas de alerta y de ayuda a la navegación hacia el objetivo. Se abandona la tendencia al control justificativo, que es totalmente improductivo. Una acción realizada en el pasado y que da como consecuencia algo no deseado puede ser válida en el futuro. El proceso de control al que se somete un miembro del equipo, el por qué y para qué hizo algo, únicamente resta autoridad a ese individuo frente a terceros, y sobre todo frente a sí mismo.

El liderazgo productivo se basa en el futuro. El pasado y el presente son los generadores de las situaciones que hay que liderar.

La gestión del negocio depende del estilo de liderazgo que ejerzan las personas clave de la organización. Gestionar es adecuado para todos los recursos al alcance de un comité de dirección, pero cuando se introducen personas lo adecuado es liderarlas, entendiendo adecuado como la manera más eficiente en la que cada persona consigue añadir el máximo valor a los recursos que maneja. Poner a la persona, a cada miembro del equipo, en el eje central de la actividad que se tenga que desarrollar. Serán ellos, y no los líderes, los que tomen las decisiones para alcanzarlos. Los líderes marcan la estrategia, la táctica está en manos de los equipos.

Silvia seguía dándole vueltas a estos conceptos, tratando de compararlos con la situación por la que pasaba su organización. Era cierto que habían realizado muchos cambios en los últimos meses, pero ahora se preguntaba si estos no se habrían quedado en el papel. Habían redefinido el rol de los equipos comerciales, incluso tenía detectadas carencias técnicas en ellos y puso en marcha diferentes procesos de formación, pero, ¿llegaba esto a la calle? ¿Realmente se comportaban con el cliente en función del nuevo rol?

Igual que para liderar es necesario conocer a quien se lidera, el líder productivo debe comportarse frente al liderado de la misma manera que queremos que la persona se comporte frente al nuevo rol.

Silvia empezó a escribir siete acciones que desarrollaría en el siguiente trimestre, en las que estarían involucrados los líderes de la organización.

- Las reuniones internas se deberán desarrollar siguiendo los principios de autoridad para los miembros de los equipos. Son ellos los que deberán expresar las soluciones a los retos que el mercado les estaba planteando. Estas soluciones serán reforzadas o ajustadas por el líder involucrado.

- Los reportes de acciones realizadas deberán ir necesariamente con un plan de acciones a realizar, sobre las que se basarán las reuniones de operaciones semanales.

- Se fomentará la asertividad y la capacidad de decir NO. Esta será premiada en la evaluación del desempeño semestral.

- Cada líder identificará a una persona de su equipo que le gustaría cambiase de actitud. Acompañará el nombre con el conjunto de acciones que él va a realizar, relacionadas consigo mismo, para que se produzca el cambio.

- Cada líder confirmará, con cada miembro de su equipo, que el objetivo es claro. Establecerá los puntos de control necesarios. Estos puntos de supervisión serán declarados por cada miembro del equipo.

- Se trabajará sobre la gestión de conflictos, más allá de la negociación: qué consecuencias tiene no abordar una situación difícil, por qué pensamos que el otro va a reaccionar como reaccionaríamos nosotros, qué beneficios obtendré por abordar el conflicto de manera inmediata.

- Se introducirá en cada comité de dirección un punto en el que cada uno de sus miembros, en dos minutos, hable de qué han hecho durante el período para que sus equipos asuman la autoridad frente al mercado.

El miembro del equipo es quien provee las soluciones. El líder apoya, complementa y pide alternativas; si, y solo si, la persona no es capaz de aportar la solución, el líder dará la suya.

La gestión del negocio está en manos de las plantillas, no en las de sus líderes y directivos. La pregunta que cada uno debe realizarse es: «¿qué van a cambiar ellos, en su manera de hacer, para que los equipos cambien su comportamiento?».

Estas acciones las plantea Silvia como medio para remediar situaciones que estaban estrangulando las operaciones de la organización. Es consciente de que para que sean totalmente eficaces deben tener un contenido global, pero por el momento sigue con sus reflexiones, anotando todo aquello que haría que todos se moviesen hacia un mismo objetivo.

El liderazgo determina el clima de la organización. Con independencia de que haya ovejas negras que en su momento deberán ser separadas del rebaño, no antes de haber realizado todos los intentos por cambiar la situación. El clima deberá tener unos condicionantes concretos.

3. Clima en la organización

El clima organizacional es algo más que el ambiente de trabajo. Es el caldo de cultivo donde se desarrollan unas células muy valiosas: los seres humanos. Determina cómo cada una de las personas se considera a sí misma y cómo se relaciona con las demás, independientemente de su nivel jerárquico. Considerando la diferencia entre climas extremos, hay diferencias claras en el comportamiento de un ser humano en el desierto o en medio de la selva. El clima organizacional funciona igual. El clima, por lo tanto, deberá ser benigno, una temperatura templada, sin que ello signifique que no pueda haber tormentas y meses de frío, pero sabiendo que después de ellos llega la primavera y siempre vuelve a lucir el sol.

Las expectativas que las personas ponemos en que algo ocurra hacen que estemos más o menos predispuestos a aguantar inviernos, sequías y tormentas. En la empresa buscamos responsabilidad, que se cumplan los objetivos y que cada uno de los miembros de un equipo cumpla y realice correctamente sus tareas. El que esto ocurra depende finalmente del individuo. Es su decisión.

¿Por qué unos son absentistas profesionales y otros, en cambio, van a trabajar cuando deberían estar de baja? Dependerá de su motivación y esta de la percepción del clima organizacional que cada uno de ellos tiene. No solo debemos fomentar un clima organizacional adecuado sino que ha de ser percibido como tal. Las percepciones son valores individuales influenciables a través de campañas de marketing y comunicación, en las que los líderes de los diferentes equipos de trabajo podrán apoyarse. El factor que más influye en el clima organizacional es el líder del equipo o del área en cuestión.

¿Qué es un clima adecuado? Un clima que le permita al individuo desarrollar sus tareas y cumplir con sus responsabilidades. Un clima que le permita motivarse, donde haya una posibilidad siempre de acción. Podemos asemejar el clima organizacional a los estados de ánimo básicos del ser humano. En algunos de ellos la persona no actúa, su percepción de la situación es tal, que o bien no cree que merezca la pena actuar o por el contrario actúa en pos de objetivos estrictamente personales y no sobre los marcados por la organización.

El clima organizacional es la percepción que los individuos tienen de él.

Una manera de clasificar el clima organizacional será atendiendo a que posibilite o no que los individuos tengan facilidad de motivarse, es decir, que se orienten a la acción:

3.1. Resentimiento hacia el entorno

- La persona no actúa en pos del objetivo marcado, actúa en interés propio para devolver las ofensas de que cree haber sido objeto.

- Se vive en un permanente conflicto. El conflicto se expresa hacia los demás, primero en la figura del gestor y con el tiempo hacia toda la organización.

- Es la organización la que tiene la culpa de todo, el individuo es inocente y, por lo tanto, no es responsable de lo que ocurre, ni de su visión de la organización.

Este tipo de clima laboral surge con mayor asiduidad en determinados estilos de liderazgo, en aquellos que denominamos paternalistas o poco desarrollados. El uso continuado de este liderazgo provoca que finalmente las personas que desarrollan el rol de empleado o miembro de un equipo no muevan un dedo si no es a una instrucción de su jefe. Las posibilidades de desarrollo creativo y de libertad se anulan y con ellas la toma de responsabilidad.

El mito de gestionar el negocio y no a la persona se encuentra estrechamente ligado a esta situación. Basta atender a las conversaciones de los gestores y directivos de la organización para saber si esto se está produciendo. Algunos ejemplos se encuentran al escuchar declaraciones como:

- «Si no estás encima de la gente no funciona».

- «Al final tengo que hacerlo yo mismo».

- «Por más que le digo no hay manera».

- «Funciona mejor la posibilidad de un castigo que la de un premio».

- «Todo el equipo trabajamos hasta alta horas y no podemos hacer nada más».

- «Las reuniones no sirven para nada. Yo les digo lo que tiene que hacer y en la siguiente me cuentan lo que han hecho».

- «El marcar los salarios no depende de mí, por lo tanto no puedo hacer nada para que se motive».

- «Es una persona con muchos problemas personales, por eso está desenfocada en el trabajo».

Un clima laboral adecuado tiene una primera condición, necesaria aunque no suficiente: el gestor o directivo se debe preguntar qué está haciendo él para que el equipo o la persona se comporte de esa manera.

Otra de las características típicas de este clima organizacional es la queja constante, sin solución de reclamación. Nadie hace nada por salir de la queja sobre algo, mas allá de buscar aliados que estén de acuerdo con la posición de queja.

3.2. Aceptación de la situación y del entorno

- La persona no actúa porque la situación es así, no se puede cambiar. El cielo es azul, en la lotería se puede ganar dinero y mi empresa es como es. Ni bueno, ni malo, es lo que es.

- Se esperan instrucciones. Las relaciones personales son cordiales y estrictamente profesionales. Se ha creado una barrera, ficticia, pero enorme, entre el mundo personal y el profesional. Se vive placenteramente en un gueto o en una isla paradisiaca.

- Los gestores y directivos son el centro y motor de la organización, el resto está a su disposición. La responsabilidad es del directivo, suya y solamente suya, como debe de ser.

En este tipo de clima organizacional las personas son felices, todo marcha bien para ellas. Lo cual no significa que se esté trabajando de la manera más productiva posible ni que se esté obteniendo lo mejor de cada uno.

El estilo de liderazgo corresponde a estructuras jerarquizadas, con roles muy definidos, donde se tiene muy interiorizado el límite de cada uno de los roles. Son los gestores y los directivos los que asumen de manera muy profesional el papel de alcanzar los objetivos. Estamos frente a un ejército bien alimentado en tiempos de paz o con victorias más o menos constantes.

Es una buena evolución pasar de un clima de resentimiento a esta situación de aceptación. Disminuyen los conflictos, de hecho no existen sobre el papel, pues cada uno acepta el rol y la personalidad del otro. No hay otra posibilidad.

La leyenda de la gestión del negocio nos marca esta situación como la ideal, aunque nada mas lejos de la realidad, pues los costes de oportunidad son altísimos. La competitividad y la productividad son bajas.

Como en el caso anterior, poniendo oídos a las conversaciones de los gestores y directivos se puede identificar con facilidad:

- «Todo nos viene marcado desde la central, es genial».

- «Es verdad que hay que hacer muchos informes, pero tiene la ventaja de que sabes dónde estas».

- «Los sueldos están marcados, dependen de la valoración de tu puesto: más salario, más valoración».

- «Eso no depende de nosotros, pásaselo a...».

- «Los presupuestos no se están cumpliendo, estamos haciendo todo lo posible. El mercado está como está y nuestros recursos son los que son. Mi gente es realmente buena».

- «Para corregir situaciones esta el comité de dirección, es su responsabilidad».

En este tipo de situaciones la responsabilidad de cada uno de los miembros del equipo sobre sus tareas y objetivos está limitada a las opciones que los gestores y directivos marcan. Las personas esperan las herramientas que consideran necesarias y, mientras estas llegan, la situación de aceptación perdura.

El hecho de que una encuesta de clima dé como resultado una organización razonablemente feliz no significa que sea eficiente y productiva.

3.3. Resignación frente al entorno

- La persona que percibe el entorno de esta manera está predispuesta a actuar, pero no sabe cómo. Cree que no es capaz de hacerlo, aunque le gustaría poder hacerlo.

- Trata de acoplarse al entorno que vive sin conseguirlo. Como no se puede cambiar nada espera instrucciones para avanzar hacia el objetivo, aunque ¡qué bonito sería que se pudiera cambiar algo, o hacerlo de una manera diferente!

- Se trata de entornos donde los gestores y los directivos manejan correctamente los roles que desempeñan los individuos, pero que rara vez hacen lo mismo con las personas. Estas últimas llegan a creer que son meras herramientas de trabajo.

En un clima organizacional donde prevalece la resignación, las personas no son felices ni se sienten libres, están bloqueadas. Les gustaría poder aportar algo diferente y saben que deberían hacerlo, pero ¿cómo?

Una característica especialmente importante de este tipo de situaciones es que las personas de la organización no son capaces de reconocer el clima de resignación. Se encuentran dentro de un proceso de aceptación del entorno, pero a diferencia de ese otro tipo de clima organizacional, aquí las personas no están a gusto. Tampoco harán ningún esfuerzo por cambiar, pues ellos no pueden, no son responsables de la situación.

La gestión del negocio, en su sentido más mitológico, se basa en un continuo estirar la cuerda hasta que los individuos se rompen. Altas rotaciones en la parte alta de la pirámide directiva, baja productividad y unos índices de creatividad mínimos.

Algunas de las características que hacen visibles este tipo de climas organizacionales son:

- Peticiones por parte de los gestores y directivos que los mandos intermedios y la plantilla acatan pero que no entienden. Entienden la letra pero no la música.

- Sentido del sacrificio, aun a costa de lo personal. Un balance vida laboral y personal volcado hacia lo laboral. Jornadas de trabajo muy extensas.

- Requerimientos constantes de formación técnica como medio para aliviar las cargas de trabajo. No existen planteamientos de hacer las tareas de manera diferente: como se hace está bien, el único problema es que resulta demasiado.

- Falta de crítica constructiva acompañada de un sistema no declarado de quejas.

El clima organizacional de la resignación es, seguramente, el más difícil de atajar. Se mueve dentro del marco «quiero pero no puedo», luego, ¿para qué intentarlo?

En situaciones límite se llega al punto del resentimiento, provocando con ello otro tipo de retos para la dirección. En el caso de gestionar el negocio, al estilo negocio, se encontrará con unas tasas de absentismo presencial y emocional elevadas. Si el mercado laboral pasa en algún momento por situaciones de estancamiento la empresa podría encontrarse con una rotación baja y con ello en un clima laboral de resignación estructural.

No todo lo que vemos en los comportamientos de los demás, estos lo perciben como nosotros creemos estarlo viendo.

3.4. El afán como clima organizacional

- Es la percepción de clima organizacional ideal para los objetivos de productividad. La persona actúa de manera natural hacia el objetivo.

- Los sistemas de control y seguimiento se entienden como herramientas de apoyo a la realización de los presupuestos.

- La delegación de funciones, desde el gestor al equipo, va acompañada de la responsabilidad para conseguirlos. Todos se sienten responsables.

- El motor de la organización son sus empleados, los gestores y directivos marcan la estrategia.

No es un clima utópico, es posible y existen organizaciones donde prevalece sobre los demás. Los espacios comunes, las políticas de puertas abiertas, las conversaciones con el presidente o el consejero delegado persiguen este tipo de clima laboral. La clave para conseguirlo está en la forma de relacionarse que tiene todas y cada una de las personas con el resto.

Se parte siempre desde el posicionamiento personal hacia el entorno, sabiendo que este cambiará en función de cómo cada uno de nosotros nos comportamos.

El estilo de liderazgo que prevalece es el de contar con la gente olvidando el despotismo ilustrado de tener en cuenta a la gente, típico de climas organizacionales de tipologías anteriormente descritas y que emana directamente de la gestión del negocio sin las personas, por mucho que en la memoria anual se hable de ellas.

Un clima laboral donde el miembro de un equipo plantea con naturalidad sus dudas y limitaciones, sin que ello ponga en peligro su imagen personal y profesional, hace que las personas actúen. Se pueden confundir, pues no todos tenemos las mismas características ni las mismas habilidades, pero avanzarán, aprenderán y conseguirán lo que se proponen, que no es otra cosa que el objetivo planteado.

En la libertad de confundirse existe la posibilidad de mejorar.

Este clima laboral es fácilmente identificable, pues corresponde a organizaciones flexibles, rápidas, creativas y que consiguen aguantar los vaivenes del mercado con mayor facilidad que otras. También corresponden a un determinado perfil de liderazgo productivo.

Los enemigos de este clima laboral provienen de muy diversas consideraciones, la mayor parte de ellas del mito de gestionar el negocio para conseguir el objetivo. Algunos de estos enemigos son:

- La falta de diálogo entre los miembros del comité de dirección, muestra de un equipo que trabaja para un líder y no de trabajo en equipo.

- La puesta en marcha de planes de acción que no cuentan con las implicaciones que tendrán para las personas. Las decisiones sobre personas sin contar con ellas.

- La presión por la presión, sin pararse a pensar cuál es la razón por la que la primera presión no ha funcionado.

- La falta de *feedback* positivo y negativo. Es un elemento más de la descripción de funciones del líder de un equipo.

- La coordinación de acciones sin seguimiento real. El dar por hecho que lo que yo entiendo lo entienden igual los demás.

- El no escuchar. El considerar que en la gente no estoy incluido yo.

- Arrancar las reuniones sin confirmar que todos están allí, no solo en persona sino mentalmente. Finalizar las reuniones sin una ronda de «¿qué hemos acordado y para qué os ha servido la reunión?».

- Enfocar las presentaciones y la supervisión de las acciones y presupuestos como revisión de lo realizado, sin dar opciones a las acciones futuras ni a cómo se van a llevar a cabo.

- Funcionar sin objetivos. Toda acción, toda conversación, toda reunión tiene que tener un objetivo medible y alcanzable.

- Confundir culpabilidad con responsabilidad. Confundir mandar con liderar. Confundir esfuerzo con sacrificio. Confundir lealtad con sumisión. Confundir el ser con el hacer.

- El miedo.

Un estilo de liderazgo determinado fomenta un clima laboral concreto. Igual que las personas reaccionamos a diferentes sucesos de manera diferente, el liderazgo debe hacer algo similar con las circunstancias por las que atraviesa la organización.

El carácter de una persona indica el punto desde el que se aproxima a un reto y su mayor desarrollo personal le habilitará para utilizar diferentes enfoques. El liderazgo predominante en la organización es el que marca desde donde se aproxima ésta a un reto concreto y el desarrollo completo de este liderazgo es el que permite a la organización utilizar otras vías mas allá de las que le son típicas.

Tomando el afán como clima organizacional nuclear se está permitiendo que todo tipo de liderazgo sea posible, incluso el paternalista, siempre que exista una razón entendida por las personas y para un reto concreto.

El clima de una organización no es homogéneo, ni único, ni perpetuo.

La tendencia más productiva será alcanzar un clima de afán. Para lograrlo hay que identificar el tipo de clima en el que se encuentra la organización o un área de ella y tomar las decisiones adecuadas.

- Desde un clima de resentimiento hay que pasar necesariamente por una etapa de aceptación:

  * Enfrentar las conversaciones difíciles. Un trabajo de *outdoor* puede estar recomendado en estas situaciones. Cada gestor deberá detectar estas situaciones y tratarlas de manera individual.

  * ¿Qué está consiguiendo el individuo resentido con su comportamiento? ¿Qué tendría que pasar para que viese su relación con el otro u otros de manera diferente? ¿Qué está pasando para que no

sea capaz de reclamar la situación que ha hecho provocar su resentimiento? ¿Está en la responsabilidad de quien o quienes han provocado su resentimiento actuar de manera diferente?

- Incorporar a los planes de formación interna talleres de trabajo sobre habilidades sociales.

- Desde un clima de aceptación de la situación a un clima de afán:

  - Dar valor a las ideas de las personas. Crear equipos piloto de trabajo multidisciplinares con objetivos concretos y novedosos, poniendo al frente de ellos a personas que no sean directivos ni gestores.

  - Establecer campañas de comunicación sobre los cambios que se producen en la organización. Cambios en las personas, en los procesos, en las herramientas, en las inversiones, por muy pequeños que estos se puedan considerar.

  - Establecer planes de seguimiento y cumplir con ese seguimiento. Dar opciones de expresión a las personas y poner en marcha algunas de las ideas.

- Desde un clima de resignación a un clima de afán:

  - Reforzar la formación: ¿para qué se realiza? ¿Cuáles son sus objetivos?

  - Potenciar o crear programas de *mentoring*. Localizar a las personas que son los líderes naturales en cada área de la organización para que actúen como ejemplos de acciones del pasado. Recurrir a profesionales del exterior, en la medida que el presupuesto lo permita, para introducir nuevas maneras de hacer.

  - Potenciar la marca personal de los miembros del comité de dirección. Hacerles participar en acciones exteriores a la organización de manera que incorporen nuevas prácticas de otros sectores o de otros modelos organizativos.

La innovación y la creatividad se pierden en organizaciones excesivamente endogámicas. Los directivos y gestores deben salir de sus paredes de cristal y completar sus ideas y experiencias en contacto con el exterior de la organización.

Después de todas estas disquisiciones Silvia anotó en su cuaderno de acciones cuatro puntos a poner en marcha y que deberían encajar dentro del plan global.

- Hacer un mapa de clima laboral en la organización. Primero por áreas y posteriormente descendiendo hasta los individuos.

- Crear un equipo de trabajo homogéneo en cuanto a la visión de cómo se debería desarrollar el liderazgo. Para ello contaría con sus compañeros del comité de dirección y con los líderes naturales.

- Organizar talleres para el desarrollo de habilidades sociales. Seguro que en su equipo podría encontrar algún formador con experiencia en estos temas, en caso contrario pediría que el departamento de Formación crease algo nuevo.

- Analizar junto al equipo comercial los diferentes KPI establecidos para conocer, primero, el proceso que se estaba llevando a cabo para conseguirlos y, segundo, saber cómo estaba actuando el tipo de liderazgo y el clima organizacional en el que vivía el equipo. A partir de ahí podría desarrollar acciones unidas a esos KPI.

El siguiente punto en la lista de Silvia sobre el que reflexionar y actuar para incrementar la productividad era la confianza.

4. La confianza como generadora de productividad

Cuanto más confíen unos individuos en otros, mas fácil resulta que se apoyen, se acepten, se informen, aprendan entre ellos, se den autoridad en lo que hacen y busquen soluciones a los retos cotidianos en pos del objetivo. A medida que crece la confianza crece el abanico de alternativas de acción y con ello la productividad.

La confianza tiene tres pilares básicos, tanto para ser otorgada a otros como para que nos la otorguemos nosotros mismos:

- Competencia.
- Credibilidad.
- Sinceridad.

Confiaré la acción de cerrar un contrato de venta de mis productos a la persona adecuada del área comercial, donde reconozco la competencia para ello. No confiaría al dejarlo en manos de uno de los miembros del departamento de Informática, sin experiencia alguna comercial, al igual que para buscar la mejor solución posible al almacenamiento de mi información no confiaría en el comercial y sí en el informático.

Creer y demostrar que se tiene competencia para algo genera confianza. No solo el hecho del reconocimiento de la competencia es la condición única para generar confianza, además se requiere una demostración. Tengo que creer que es, o que soy, capaz de poner en marcha esa competencia, que en el pasado ya se hizo con éxito y por tanto es creíble.

La competencia se adquiere, la credibilidad se gana. La credibilidad se moviliza a través de una carretera de doble dirección. Cuando declaro que tengo competencia para hacer algo y no consigo el resultado falto a la credibilidad, haciendo que la siguiente declaración tenga más dificultades para que los demás confíen en ella, que se la crean. Incluso uno mismo termina por dudar de su propia persona. Al contrario también pasa. Tomemos el ejemplo de un jugador de golf que toma el palo embocando a la bola lateralmente; inicialmente un observador no le reconocerá competencia para lanzarla lejos, pero resulta que en su *swing* corrige la posición justo en el momento del impacto y la golpea correctamente; finalmente el observador le reconocerá competencia para lanzarla lejos, puesto que lo hace, y es creíble. Otro jugador que se posiciona correctamente pero en el momento del impacto no logra su objetivo llegará a preguntarse qué tiene que corregir en su posición.

La credibilidad es el elemento clave de la confianza. Cuando una persona sin experiencia se propone actuar parte sin puntos de credibilidad. Tendemos a establecer una supervisión mayor, pero cuando ya se ha demostrado que es creíble esa misma supervisión puede llegar a crear una barrera entre lo que el supervisor hace y lo que la persona percibe: «¿No soy creíble, aún? ¿Por qué no confía en mí? ¿Qué no estoy haciendo correctamente?», puede llegar a pensar.

Por otra parte, la falta de credibilidad o la percepción de falta de credibilidad acentúan el efecto Pigmalión. De esta manera, personas que tienen la competencia acaban por perderla, primero porque creen que no la tienen, luego porque efectivamente actúan como si no la tuvieran y finalmente porque confirman que era necesario el exceso de supervisión. De aquí a salir de un clima laboral de afán hacia uno de resentimiento o resignación es todo uno.

Por último, en la confianza actúa la sinceridad. Tengo la competencia, he demostrado que soy creíble, incluso los demás lo perciben así, pero hace falta que yo quiera hacerlo. Si no hago lo que digo, aun sabiendo que lo puedo hacer, rompo el elemento de sinceridad y aunque los demás estén seguros de que sé y puedo, dejarán de confiar en mí.

La sinceridad empieza por uno mismo, no valen las trampas al solitario. Cuando no somos sinceros y finalmente se demuestra que lo que dije o hice o lo que voy a decir o hacer no es lo que ocurre, estoy rompiendo la confianza, de manera que tendré menos oportunidades de incrementar o mantener la credibilidad y con ella las competencias que soy capaz de desarrollar.

La sinceridad debe estar enmarcada en los hábitos culturales de la organización en la que se desarrollan las acciones, de lo contrario caeríamos en el *sincericidio*. Tomemos el ejemplo de la persona que en las reuniones se comporta diciendo siempre lo que piensa sin ningún tipo de filtro, sin importarle las consecuencias de lo que significan sus declaraciones para el resto de los oyentes. Por ejemplo, «no vendemos más porque el equipo de comercial no está bien dirigido y son un grupo de incompetentes», dicho de esta manera, es una declaración de guerra hacia el director comercial y los comerciales, mientras que si se tamiza el *sincericidio,* sería beneficioso para todos: «¿se podría contemplar alguna otra manera de gestionar el equipo comercial para que tuvieran más facilidad de poner en marcha su capacidad con los clientes?», podría plantearse.

Quien se vanagloria de decir siempre lo que piensa, ni cuenta con los demás, ni los tiene en cuenta, ni piensa lo que dice. Los principales enemigos de la confianza son:

- La ruptura del ciclo de coordinación de acciones. Planificación, negociación, ejecución y seguimiento.

- La falta de asertividad y no saber decir «NO».

- Tener dificultades para pedir u ofertar entre los miembros de un equipo.

- No conceder a la competencia para hacer algo la importancia que tiene.

- La falta de transparencia y sinceridad.

- No aceptar la falta de credibilidad.

- La falta de responsabilidad y la queja constante.

A Silvia no le era difícil encontrar situaciones que correspondiesen a la falta de confianza. Uno de los gestores del área jurídica llevaba meses reclamando algún tipo de acción que le ayudase a organizar mejor su tiempo y su departamento, pues sus horarios y cargas de trabajo eran insostenibles. Habían invertido en varios programas de formación: gestión del tiempo, organización, racionalización de procesos, incluso tuvieron una persona dedicada una semana a analizar cómo se establecían las relaciones y los procesos entre los miembros del departamento. En conclusión, se propusieron varias medidas. Medidas que nunca se han ejecutado y que cuando se abordan siempre flota en las conversaciones la excusa de que no tiene suficiente personal, que necesita una persona más. La pescadilla que se muerde la cola.

La realidad de situaciones como esta es que se han analizado todos los roles y los procesos, pero no se han tenido en cuenta las visiones, percepciones o creencias personales. ¿Confía el gestor en todas las personas de su equipo para reorganizar los procesos, para establecer un nuevo modelo de delegación? Si realmente no pueden sacar adelante la carga de trabajo que tienen, ¿por qué no hacen algo? ¿Qué consecuencias está teniendo esa manera de trabajar y cómo se está atendiendo a ellas? ¿Le importa, realmente, de verdad, al gestor trabajar todos los días hasta las nueve de la noche y utiliza la carga de trabajo como excusa ante su equipo? ¿Por qué el equipo se queja de la situación pero no la afronta?

En ese momento Silvia pensó que sería bueno recopilar la información de manera escrita en situaciones como la que estaba describiendo. Un paso más para comprometer al equipo puede ser preguntarles por escrito sobre cuestiones como las anteriores y cumplimentar con dos entrevistas individuales:

- Una con ella, o con uno de los mentores de la empresa que tenga la confianza del gestor porque se le reconozca la competencia de gestionar el departamento en tiempo y forma.

- Otra a tres bandas, donde estaría presente el gestor. No debe ser una reunión para confrontar sino para buscar compromisos de trabajo futuro. Las barreras que pudieran existir desde el gestor y su colaborador deberán quedar al margen y tratarse de forma individualizada durante el proceso de cambio.

- También debería tener una conversación con el gestor, revisando qué piensa de cada uno de los miembros de su equipo y qué está haciendo ÉL para cambiar, a positivo, cada una de esas creencias.

Este tipo de acciones también, pensó, deberían incluirse en un programa global.

La confianza no se genera de forma espontánea, hay que fomentarla y mantenerla. Es el árbol de cuyas ramas nace la productividad.

5. La motivación: el camino a la productividad

Para gestionar el negocio, una de las primeras aseveraciones que hacen los empresarios y los directivos es que hay que motivar a los empleados. No es extraño encontrar compañías con modelos de liderazgo basados en lo que denominamos paternalismo que mantienen sueldos por encima de la media de su sector.

El mito no es otro que aquel que establece una relación directa entre incentivos, bonos y sueldos con el nivel de motivación y, abarca a otro, más asentado en la gestión empresarial: el de que a las personas se las puede motivar.

Ambos mitos son falsos. Ni el dinero es el factor motivacional determinante de una persona ni un líder incide directamente en la motivación de un colaborador.

Que el dinero u otras prebendas no son factores motivacionales determinantes se sabe desde hace décadas, pues su efecto es efímero: el efecto luna de miel (Carlos Sánchez nos lo detalla claramente en el capítulo 10 de este mismo libro).

Más allá de tener cubiertas las necesidades básicas, no solo vitales sino también sociales, las personas buscamos otro tipo de recompensas al trabajo. Recompensas relacionadas con los anclajes profesionales y personales. No se trata de salarios a la carta, sino de entornos que permitan el desarrollo de esos soportes. He aquí uno de los principales motivos para conocer en profundidad quién es la persona que forma parte de nuestro equipo, incluso el porqué de ayudarla a conocerse a sí misma.

Motivación no es más que la decisión que toma una persona de pasar a la acción. Si una persona actúa se hace responsable de los objetivos que persigue. La acción sin motivación no es posible. Que una persona tome esta decisión personal está en relación con el entorno que exista para que lo haga.

Los líderes no motivan, crean espacios donde la persona es capaz de orientarse a la acción, alcanzando con ello, a los ojos de los demás, lo que llamamos motivación.

Fredy Kofman, en su libro *Metamanagement*, habla de la existencia de dos tipos de motivación, la extrínseca y la intrínseca. La primera se corresponde con las acciones que desde el liderazgo de una organización se pueden realizar para potenciar la motivación de una persona, aceptando que son pasajeras y de impacto temporal. La segunda se corresponde con las acciones que los líderes pueden realizar, no sobre el individuo, pero sí sobre el entorno que le rodea, para que a partir de ese entorno la persona sea capaz de automotivarse.

La motivación no existe, solo existe la automotivación.

Los seres humanos, para movernos a la acción, necesitamos de espacios y entornos que cumplan dos características básicas:

- Libertad.

- Creatividad e innovación.

Estas características son las que se han de potenciar desde el liderazgo empresarial.

Gestionar el negocio significa, además de gestionar la cuenta de resultados, crear espacios de libertad y creatividad donde las personas puedan orientarse a la acción y por tanto alcancen tasas de productividad más elevadas.

La libertad y el fomento de la creatividad deberán orientarse hacia la consecución de los objetivos fijados en la estrategia de la organización, por ello debe existir el mayor grado de alineamiento entre los objetivos personales y los profesionales de cada individuo, y de estos con los marcados por la organización. Los objetivos de la organización, a corto y medio plazo, emanan de la estrategia para conseguir un determinado nivel de beneficios o de resultados, mientras que los de largo plazo se desarrollan en el terreno de la visión del líder o los líderes. La distancia a recorrer desde donde se encuentra la organización hasta el objetivo es el espacio de gestión del negocio.

Con las personas sucede algo similar. Existe un objetivo a largo plazo y unos a medio y a corto plazo. Los de largo plazo parten de la visión de la persona y los de medio y corto plazo, de las necesidades a cubrir en el camino de alcanzar la visión.

Sin visión no hay motivación posible. Aunque una organización sea capaz de establecer un clima laboral, mayoritariamente, de afán, si sus miembros no tienen un objetivo vital establecido, no será posible establecer un proceso de alineamiento con los suyos. Por tanto, las acciones que cada persona emprenda estarán únicamente en relación a los factores extrínsecos de la motivación, siendo estos efímeros.

En un ambiente favorable, las personas no son capaces de transformar sus sueños en visión, básicamente, por tres causas:

- No se creen capaces.

- Creen que no se lo merecen.

- Tienen miedo al fracaso.

Las personas tememos al cambio porque en general no somos capaces de encontrar los caminos adecuados para convertirlo en algo que sea beneficioso o, en el peor de los casos, neutral a la posición anterior a dicho cambio. En las organizaciones el cambio se hace necesario, potenciando la aversión que cada persona tiene a él.

Las personas cambian con naturalidad, a lo que se resisten es a ser cambiadas. Es en esta afirmación de resistencia al cambio donde se encuentra la clave de la productividad. Ahí se puede hallar la respuesta al fracaso de la gestión del negocio sin más. Es necesario que los directivos y gestores ayuden a los individuos a encontrar los caminos para que la nueva situación o la futura sea, cuando menos, neutral para ellos, no solo para sus roles, sino también para las personas.

Un líder es aquel que ayuda a sus colaboradores a encontrar las vías que hacen que un cambio en la organización les afecte de manera positiva o no les afecte.

Silvia se preguntaba qué habían hecho para conseguir que los equipos se involucrasen con el cambio, más allá de comunicarlo y explicarlo hasta la saciedad. Es verdad que estaban dando cada vez más responsabilidades a la línea comercial, pero, ¿los procesos internos estaban en línea con esa mayor responsabilidad?

Apuntó en su cuaderno de actividades esta idea que convertiría en acción: «comprobar que los procesos que implicaban la nueva orientación comercial estaban en línea con el objetivo final». Si querían que los comerciales tuvieran más responsabilidad frente a los clientes, las reuniones, los reportes, la decisión sobre herramientas a utilizar también deberían tenerlas ellos. Si los gestores y directivos que estaban dirigiendo el nuevo modelo comercial se limitaban a controlar y decir lo que tenían que hacer, sin dar opción a los comerciales de comprobar que internamente se les dotaba de esa responsabilidad, había encontrado una respuesta a la falta de efectividad del nuevo modelo.

Por último, Silvia abordó el concepto del compromiso.

6. El compromiso: la antesala de la productividad

El compromiso es lo que transforma una promesa en una realidad, por ello es la clave para conseguir incrementar la productividad de una organización. Sin transformar las promesas de acción en realidades no hay forma de alcanzar los resultados, pues el compromiso es acción.

El compromiso es acción y sin acción no hay compromiso. También en este concepto encontramos el mito de gestionar el negocio para alcanzar el objetivo. Se suele decir, de manera coloquial, que en un plato de huevos con tocino la gallina se implica y el cerdo se compromete. Erróneamente se realiza una correspondencia entre sacrificio (el cerdo) y compromiso. Nada más lejos de la realidad. Una organización que busca la excelencia, la eficiencia y con ellas la productividad no pide a sus empleados el sacrificio, lo que pide es que los resultados se consigan con los elementos que estratégicamente se crean adecuados. Se pide que todos y cada uno de los miembros de la organización actúen para conseguirlo, comprometiéndose con ello, es decir, haciendo la promesa de que van a actuar para ello.

Conceptualmente se pueden establecer diferencias entre implicación, involucración y compromiso. La implicación significa estar al tanto, ser parte de las acciones pero no necesariamente actuar. Involucración significa que se está al tanto, incluso que por alguna extraña razón alguien se encuentra metido en algún tipo de acción, pero tampoco significa actuar. Compromiso significa ser responsable de algo, actuar y con ello exponerse y arriesgarse ante los resultados de esa acción.

Compromiso es la decisión individual de alguien por actuar para conseguir el objetivo. El compromiso se genera y se mantiene cuidando tres elementos que están ligados al liderazgo:

- La confianza.
- La coherencia.
- La integridad.

Se asienta en todos los conceptos que se han analizado anteriormente y se caracteriza porque conlleva riesgo. Actuar implica un riesgo a los ojos de los demás, en función del resultado que se obtenga.

En estas reflexiones andaba Silvia cuando cayó en la cuenta de que en muchos casos, en su organización, se daba por sentado que alguien se había comprometido con algo por el hecho de que lo había firmado: los objetivos, los planes de desarrollo consecuencia de las entrevistas de evaluación, las actas de las reuniones... pero en muchos casos eran papel mojado. No había acción detrás de aquellas firmas. ¿Tendrían los firmantes posibilidad de actuar? Si eso fuese así se estaba rompiendo constantemente un compromiso y por lo tanto una promesa. ¿Qué se estaba haciendo para reparar esas promesas rotas? ¿Se estaban convirtiendo en quejas, sin más? ¿Era este uno de los generadores principales del clima de la organización? Tendría que investigarlo y solo lo podría hacer preguntando a todos y cada uno de los líderes de los equipos. ¿Acaso no debería primero saber si entendían todos lo mismo por compromiso?

Silvia había hecho un repaso al estilo de liderazgo de la organización y ahora se proponía hacer un resumen de acciones para presentárselas al director general. Su lema sería:

> «Para gestionar el negocio hay que gestionar, además de los recursos, a las personas que desempeñan los roles necesarios para la organización y las relaciones que entre ellas se establecen».

Gestionar el negocio es gestionar las relaciones entre seres humanos. Ahora solo le quedaba establecer un plan global.

EN RESUMEN

Un mito arraigado en nuestra cultura es que cuanto más encima estamos de una situación más facilidad tendremos para conseguir un resultado. Nuestro resultado. Esto no es gestionar un negocio, esto simplemente es apagar un incendio y después de los incendios quedan los restos quemados, nada más.

El mito basado en la presión para conseguir resultados descarta que la mayor presión que una persona puede soportar es la que se autoimpone, no la que le imponen.

Gestionar el negocio no es más que gestionar la productividad y está además de depender de recursos y procesos eficientes, depende en mayor medida de como las personas que forman una organización utilizan esos recursos y procesos. En definitiva dependen de la capacidad de liderazgo de cada uno de los miembros de la empresa, liderazgo y auto-liderazgo.

El liderazgo personal y el de equipos es el punto inicial de una reacción en cadena cuyo producto final influye de manera determinante en la productividad:

- Productividad depende del compromiso.

- Compromiso depende de la motivación.

- Motivación depende de un espacio de confianza.

- Confianza solo existe en un determinado clima.

- Un determinado clima depende del liderazgo.

- El liderazgo se puede ejercer si se conoce a la plantilla.

Conocer a la plantilla. Más allá del conocimiento biográfico de una persona hay que conocer su interior, y en no pocos casos ayudarla a conocerse. Para conseguir esto es absolutamente necesario que el líder de un equipo se conozca así mismo.

¿Qué persiguen? ¿Cuáles son sus anclajes profesionales o personales: la autonomía, la seguridad, el riesgo, lo técnico, el emprendimiento, la estabilidad? ¿Cuáles son sus limitaciones, sus fantasmas, sus miedos?

Sin conocer el interior de las personas no se puede influir en ellas. Un líder que actúa, únicamente, por convencimiento, gestionará un ejército de derrotados. Una persona influyente gestionará un ejército de líderes.

Liderazgo productivo. La diferencia entre un gestor y un líder se basa en el comportamiento humano. Un líder productivo no trabaja con su equipo, trabaja para su equipo.

El miembro del equipo es quien provee las soluciones. El líder apoya, complementa y pide alternativas. Solo y solo sí, la persona no es capaz de aportar la solución el líder dará la suya.

Clima en la organización. El clima organizacional es algo más que el ambiente de trabajo. Es el caldo de cultivo donde se desarrollan unas células muy valiosas: los seres humanos. Determina cómo cada una de las personas se considera a sí misma y cómo se relaciona con las demás, independientemente de su nivel jerárquico.

La confianza como generadora de productividad. Cuanto más confíen unos individuos en otros, mas fácil resulta que se apoyen, se acepten, se informen, aprendan entre ellos, se den autoridad en lo que hacen y busquen soluciones a los retos cotidianos en pos del objetivo.

A medida que crece la confianza crece el abanico de alternativas de acción y con ello la productividad.

La motivación y el camino a la productividad. Para gestionar el negocio, una de las primeras aseveraciones que hacen los empresarios y los directivos es que hay que motivar a los empleados.

Los líderes no motivan, crean espacios donde la persona es capaz de orientarse a la acción, alcanzando con ello, a los ojos de los demás, lo que llamamos motivación.

Gestionar el negocio significa, además de gestionar la cuenta de resultados, crear espacios de libertad y creatividad, donde las personas pueden orientares a la acción y por tanto alcancen tasas de productividad mas elevadas.

El compromiso y la antesala de la productividad. El compromiso es lo que transforma una promesa en una realidad, por ello es la clave para conseguir incrementar la productividad de una organización. Sin transformar las promesas de acción en realidades no hay forma de alcanzar los resultados, pues el compromiso es acción.

El negocio de la productividad se basa en la gestión de las relaciones entre seres humanos.

10

Sin euros no hay paraíso. De la cara satisfacción al compromiso *low cost*
Carlos Sánchez

Desde que se incorporó a su nueva empresa, Silvia se ha ido encontrando con numerosas situaciones que ya le habían sido familiares en empresas anteriores y cree que ha llegado el momento de abordarlas para poner algunos temas en la mesa del comité de dirección.

De varios directivos ha escuchado frases como estas:

- «La gente solo trabaja por dinero: o son pesetas, o son puñetas».

- «Si tú quieres conseguir el compromiso de alguien, págale bien».

- «La gente buena se nos va, retenerlos es muy caro».

- «No lo entiendo, se fue a otra empresa donde le ofrecieron un 10% más, le hicimos una contraoferta del quince y aún así se fue, no lo entiendo».

- «En esta empresa nos hemos gastado mucho dinero en tener satisfechos a nuestros empleados: buen sueldo, beneficios sociales, buena conciliación... Y ahora qué, ahora que las cosas se han puesto difíciles no somos capaces de mover a la gente, siempre se están quejando y los sindicatos no dejan de pedir cada vez más».

- «Hace años que tenemos un sistema de incentivos, teóricamente muy bueno y basado en una dirección por objetivos, pero mi sensación, y la de casi todo el mundo, es que al final acaban desmotivando a todo el mundo».

Pero, ¿en qué quedamos? Por una parte pagamos bien y todas las encuestas de clima nos dicen que la gente está bastante satisfecha, pero por otra no somos capaces de crear la implicación suficiente, sobre todo cuando hay dificultades y se necesita ese plus de compromiso por parte de todos. Algunos directivos dicen que el dinero es lo único realmente importante, pero a la vez tenemos gente muy bien pagada con un grado de compromiso realmente bajo.

1. Las preguntas de Silvia

Silvia tiene la intención de plantear un debate en el comité de dirección sobre estos temas, en base al cual espera que se tomen decisiones importantes. La empresa está empezando a atravesar una situación difícil y todo apunta a que las cosas se van a poner todavía peor. El objetivo de Silvia es muy claro: la empresa necesita reforzar el compromiso de toda la plantilla con los retos y prioridades de negocio o de lo contrario tendrán serias dificultades. Todavía tienen margen y no está en la cabeza de nadie iniciar un plan de choque con medidas drásticas, pero han de actuar. Silvia quiere llevar propuestas concretas y para ello necesita dar respuesta a algunas preguntas, que quizá rompan algún mito.

- ¿El dinero es lo único realmente importante para mover a la gente? ¿Solo podemos mejorar el compromiso pagando más?

- ¿Por qué teniendo un alto grado de satisfacción en nuestra plantilla una buena parte no está comprometida? ¿No es lo mismo satisfacción que compromiso?

- ¿Por qué unas veces se va gente buena por dinero y otras se van incluso ganando menos?

- ¿Es solo responsabilidad de recursos humanos lograr el compromiso de los empleados? ¿Cuál es el papel de directivos y mandos?

Y con todo ello espera poder dar respuesta a la pregunta del millón de dólares:

- ¿Cómo podemos mejorar el compromiso de nuestros empleados sin que nos cueste más dinero?

2. Aclarando conceptos

Motivación, satisfacción, compromiso o fidelización son cuestiones que están en boca de todos, pero sobre las que existen numerosos malentendidos que llevan en consecuencia a decisiones y políticas de recursos humanos que no siempre surten los efectos deseados.

- Satisfacción (del latín *satis-facere*, hacer bastante) es la sensación de bienestar derivada del cumplimiento de unas expectativas o unas necesidades. La palabra clave cuando hablamos de satisfacción es «bienestar», que en un contexto profesional está asociada a lo que podríamos denominar «calidad de vida profesional».

- Motivación (del latín *movere*) es el impulso que mueve a la acción. Podemos definirla como la cantidad de energía, ilusión y esfuerzo que una persona está dispuesta a poner en su trabajo. Y podríamos añadir: «y en su vida», pues la motivación en el fondo es una actitud vital. La palabra clave aquí es «energía» focalizada hacia una meta.

- Compromiso (del latín *cum-promitere*) es el vínculo moral derivado del cumplimiento de una promesa. La promesa puede formalizarse o no, de manera que una persona puede comprometerse con una causa, con un proyecto, con una empresa o con otra persona. En un contexto profesional, el compromiso podemos definirlo como aquella actuación discrecional extra, alineada con las prioridades de la organización.

- Fidelización, también llamada retención o más correctamente vinculación (como opuesto a desvinculación) es la fuerza que une a una persona con su organización y provoca su permanencia en ella. La palabra clave aquí es permanencia (me voy o me quedo).

En la práctica empresarial, motivación y compromiso tienen claves de gestión prácticamente idénticas, la cuestión es cómo consigo yo que mis empleados pongan lo mejor de sí mismos, de su talento y de su energía personal, al servicio de las prioridades de la organización. Estamos hablando de energía personal focalizada y por tanto la cuestión del foco es un tema especialmente relevante. Por ejemplo, en épocas de bonanza un equipo de ingeniería puede estar altamente entregado para conseguir la máxima calidad e innovación, sin preocuparse excesivamente por los costes; pero en épocas difíciles se produce un conflicto de foco al no existir la más mínima orientación a resultados o a rentabilidad, que han pasado a convertirse en prioridades máximas para la empresa en este momento. En el sector sanitario, por ejemplo, muchos profesionales se sienten comprometidos con la cura de sus pacientes a cualquier precio, en tanto que los directivos del sector se quejan de que no existe un compromiso real con las prioridades del hospital, que no son otras que ofrecer la mejor calidad asistencial de manera económicamente sostenible.

Por cerrar la disquisición teórica de manera simple, podemos equiparar compromiso con responsabilidad y motivación con deseo o necesidad. Las consecuencias empresariales son idénticas, que la gente ponga lo mejor de sí misma en aquello que se espera de ella. Y ambos conceptos convergen cuando decimos que el verdadero reto es conseguir crear un entorno de trabajo estimulante y motivador, que promueva el compromiso de la gente con los retos de su organización.

Todas estas cuestiones tienen una óptica diferente según se miren desde el lado de la empresa o del empleado. Para la empresa, conseguir la motivación y el compromiso de su gente es el gran reto y también su principal necesidad. Pero conseguir la satisfacción de sus empleados no es una necesidad, en todo caso es un deber moral, pero depende de sus valores. Hay muchas formas de movilizar la energía de la gente, y todas pueden funcionar durante bastante tiempo si son coherentes. Hay empresas que basan sus políticas en la presión y el control, el palo y la zanahoria. Y funciona. Otras en cambio prefieren hacerlo con cariño, en el convencimiento de que la gente que es feliz en su trabajo rinde más. Y también funciona. Es cuestión de valores y sobre todo de coherencia.

Respecto a la fidelización o vinculación, es una necesidad para algunas empresas —«se me van»—, una carga para otras —«de aquí no se va nadie»— y un problema para todas, pues algunas se encuentran con las dos situaciones: se van los que les gustaría que se quedasen y se quedan los que les gustaría que se fuesen, pero no les pueden echar.

Desde el punto de vista del empleado la óptica es algo diferente. El compromiso es un deber moral, o debería serlo, fruto de una relación contractual y profesional presidida por la exigencia de resultados. Que la empresa vele por su satisfacción y calidad de vida profesional, en cambio, sería un derecho exigible: si la empresa quiere que yo ponga de mí, debería también poner de sí. Si quiere mi compromiso, que se preocupe por mi bienestar.

Y en cuanto a la vinculación, para el empleado es una opción, pero no siempre del todo libre. Hay empresas que desearían que marchase una persona y posiblemente esa persona esté deseando marchar, pero no puede, por falta de empleabilidad o por la situación del mercado.

3. Desmontando mitos: la satisfacción del empleado lleva a la satisfacción del cliente y a la rentabilidad

La satisfacción del empleado se situó en la agenda de muchas empresas a raíz del auge de los modelos de calidad total (TQM). La calidad total se conseguía cuando una empresa era capaz de conseguir beneficios con una alta satisfacción de sus clientes, de sus empleados y un adecuado impacto en su entorno. Fue en esta época, entre los años ochenta y noventa, cuando empezaron a proliferar las encuestas de calidad y las encuestas de clima laboral.

Más recientemente, este mismo esquema evolucionó hacia los actuales modelos de responsabilidad social corporativa, donde la empresa debe dar respuesta a las expectativas de todos sus grupos de interés y no solo de sus accionistas. Los empleados pasan a convertirse en un grupo de interés para la empresa y esta debe velar por satisfacer sus expectativas.

Recordemos que hemos definido la satisfacción como aquella sensación de bienestar derivada del cumplimento de unas expectativas o unas necesidades. Si hablamos de energía, energía personal, el bienestar no es una situación activadora de la energía sino todo lo contrario. De hecho, llevado al extremo, el bienestar se acaba convirtiendo en acomodación, lo cual, cuando hablamos de clientes, es tremendamente útil y rentable. La relación entre satisfacción y fidelidad es muy alta, tanto si nos referimos a clientes como a empleados. Para un cliente satisfecho lo más sencillo, y lo más cómodo, es continuar comprando en el mismo supermercado: el cambio requiere demasiado esfuerzo.

Cuando hablamos de empleados, en cambio, la satisfacción no siempre tiene efectos positivos, ni para los clientes ni para la empresa. Dos afirmaciones rotundas para romper el mito supremo de la satisfacción del empleado:

- Mejorar la satisfacción de los empleados no implica necesariamente mejorar la satisfacción de los clientes. De hecho, hay medidas que favorecen la satisfacción de los empleados y que van en detrimento de la satisfacción del cliente. Por ejemplo, algunas medidas en relación a los horarios.

- Mejorar la satisfacción de los empleados no implica necesariamente mejorar la productividad o la rentabilidad de la empresa. De hecho, hay un buen número de empresas que han apostado en firme por ello y que han generado tanta satisfacción que les ha llevado a una situación de bienestar acomodaticio. Lo que se encuentran ahora es que tienen serias dificultades para movilizar la implicación de su gente y recuperar esa tensión competitiva cuando la empresa lo necesita.

No estoy diciendo con esto que la empresa deba generar un estado permanente de insatisfacción entre sus empleados o incluso de precariedad, en absoluto. Lo que sí afirmo es que si la satisfacción no va acompañada de una buena dosis de motivación y compromiso no es buena ni para el cliente ni para la empresa.

4. Dinero y satisfacción: el secreto de la pirámide de Maslow

La satisfacción profesional se sustenta en tres pilares:

- Seguridad: a ser posible empleo fijo de por vida.

- Salario: a ser posible fijo y alto, buenos beneficios sociales y plan de pensiones

- Horario: a ser posible de 8.00h a 15.00h, sábados, fiestas y buenas vacaciones.

Muchas personas han buscado esto en su vida y ha llegado a ser el paradigma de toda una generación de trabajadores en grandes empresas y entornos públicos (en este caso sin salario alto, para puntualizar). Encontrar un empleo así, para estas personas, no era el inicio de su carrera profesional, era el final: «me he colocado» y ahora que lo he conseguido ya me puedo despreocupar del trabajo para ocuparme de otras cosas más importantes y divertidas en mi vida.

Y ha sido también el *leit motiv* de los sindicatos durante muchos años (y todavía en algunos reductos lo es). Conseguir seguridad, salario y horario, independientemente de la marcha de la empresa o de los retos de calidad y sostenibilidad en ámbitos públicos, ha sido el objetivo prioritario de la acción sindical. Una vez conseguidos, y aunque la coyuntura fuese difícil, el objetivo era mantenerlos, fuese como fuese la empresa: la defensa férrea de los derechos adquiridos: «santa Rita Rita, lo que se da no se quita». Nuevamente, no estoy abogando por la desaparición de los sindicatos, pues creo que tienen su papel y lo deben jugar, pero sí afirmo rotundamente que algunas actitudes irresponsables, desde posiciones de privilegio y seguridad personal, han comprometido seriamente la viabilidad de algunas empresas y son una fuerte reticencia a la hora de crear nuevos proyectos empresariales o tomar decisiones de inversión que crearían el empleo tan necesario.

4.1. El secreto de la pirámide de Maslow: la trampa de la satisfacción

Centrándonos de nuevo en el arranque de este capítulo −«sin euros no hay paraíso»− hemos visto que el dinero, a ser posible mucho, fijo y desvinculado de los resultados individuales o empresariales, es un importante generador de satisfacción del empleado.

Sin embargo el señor Maslow, cuya teoría de la motivación basada en la pirámide jerárquica de las necesidades humanas es mundialmente famosa, nos dejó un secreto, que es el verdadero secreto de la pirámide de Maslow: «el hombre es un animal que desea y lo que desea es… más».

Por cierto, toda la investigación posterior a Maslow ha demostrado que las necesidades humanas ni son cinco, ni son jerárquicas, pero antes de Maslow, de lo único que se hablaba era del palo y la zanahoria y él tuvo el gran valor de cuestionar si había algo más. Su respuesta fue que sí.

¿Pero qué tiene que ver la satisfacción con el secreto de la pirámide de Maslow? La respuesta es sencilla. Hemos definido satisfacción como la sensación de bienestar derivada del cumplimiento de unas expectativas o unas necesidades. La fuerza que nos lleva a subir la montaña es la motivación y el placer que se siente al haberlo conseguido es la satisfacción. ¿Pero qué ocurre cuando ya hemos subido diez veces la montaña de 3.000 metros? Queremos más. Lo que nos mueve no es lo conseguido, es lo que queda por conseguir.

Conseguir un buen empleo o una buena promoción que nos proporcione una sustancial suma de dinero nos producirá una sensación de logro y felicidad real, pero temporal, será nuestra luna de miel. Sin embargo, nos acostumbraremos demasiado pronto al nuevo nivel de vida, nos empezaremos a comparar con personas más afortunadas que nosotros y se nos acabará la miel antes que la luna.

No nos mueve lo que tenemos, lo que nos mueve es el cambio, el logro, el ir a más. Por este motivo, velar por la satisfacción de los empleados basándose principalmente en el dinero y desvinculándolo del logro es una trampa mortal. No importa cuán alto sea el salario, podremos tener a algunas personas excelentemente pagadas, pero instaladas en el discurso de la queja, sin dar el más mínimo valor a sus condiciones salariales o laborales y, por supuesto, sin conseguir de ellas la más mínima implicación con los retos y preocupaciones reales de la organización.

Por lo tanto, conseguir que el dinero y la satisfacción sirvan además para generar un alto compromiso con la empresa es el gran reto, y de esto nos ocuparemos más adelante. Pero antes echemos un vistazo a lo que está ocurriendo con las nuevas generaciones.

5. Nuevas generaciones, ¿adiós a la cultura del esfuerzo?

El nacimiento de Internet puede ser considerado como uno de los hitos que simboliza el cambio de era. La tecnología, la sociedad de la información, «el *shock* del futuro» (en palabras de Alvin Toffler) han marcado un cambio tan radical en la historia de la humanidad que, desde los años ochenta, en poco más de dos décadas, se han producido unas transformaciones más drásticas que en toda la historia anterior de la humanidad.

Estos cambios han impactado de manera radical en todos los órdenes de la vida, de la economía, de las empresas, de la sociedad y de las personas. Han cambiado desde los retos geopolíticos hasta la forma de hacer negocios, para afectar a cuestiones tan próximas como los hábitos de vida o los valores. Las generaciones que estaban en su madurez o su juventud en el inicio de esta nueva era se han tenido que adaptar con mayor o menor fortuna, pero hay toda una nueva generación que ya ha nacido y crecido con esta nueva realidad.

Me estoy refiriendo a la llamada Generación Y, Generación Nintendo o Generación Facebook como la llamaríamos ahora, y no voy a entrar a fondo a debatir en toda su amplitud lo que supone esta nueva generación, pues no es el propósito de esta obra, pero sí voy a centrarme en algunas de las implicaciones y retos si queremos hablar con propiedad sobre compromiso, satisfacción o dinero hoy en día. Se trata de una generación emergente, que ya se ha incorporado al mercado de trabajo y que va sustituyendo progresivamente a esa otra generación del empleo fijo, sus padres, que en numerosas ocasiones trata de seguir anclada a una realidad que ya no existe.

Todo lo que hemos tratado en el apartado anterior sobre el empleo fijo, los salarios altos o los sindicatos, para los jóvenes actuales son tan solo palabras de las que han oído hablar a sus padres o a sus jefes, pero que nada tienen que ver con su propia realidad. Su realidad ha cambiado. Entender estos cambios y darles una respuesta adecuada es el verdadero reto de las empresas, y por cierto también de los sindicatos, pues corren el riesgo de seguir aportando soluciones a un problema que ya no existe.

Aunque la naturaleza y la magnitud de los cambios es amplísima y abrumadora, vamos a centrarnos en las dos cuestiones que considero más relevantes y que están teniendo mayores consecuencias para la gestión del compromiso, la satisfacción, el dinero o la fidelización.

Tengo que decir, para precisar, que todo lo que diré a partir de ahora van a ser generalizaciones que pueden tener excepciones, por supuesto. Todo lo que es verdad en general siempre es mentira en particular, pero no por ello deja de ser verdad en general. Veamos los dos grandes cambios:

- Crecidos en el bienestar: la calidad de vida como valor. En las sociedades avanzadas, las nuevas generaciones son los hijos deseados de padres triunfadores: qué fácil es la vida para el rey de la casa. Una generación que ha nacido y crecido con las cotas de bienestar más altas logradas jamás en ninguna otra época de la humanidad. En numerosas ocasiones, unos padres sobreprotectores, sobreocupados y que han querido dar a sus hijos lo que ellos no tuvieron les han malcriado, negándoles además la oportunidad de aprender la relación entre el esfuerzo y los logros, el desear algo y el tener que luchar para conseguirlo o la frustración de desear y no tener. Para muchos chicos y chicas de esta generación el mundo les puede parecer automático: por arte de magia las cosas se tienen.

- Crecidos con la tecnología, la vida *online*: no se admite la espera. La tecnología ha supuesto un cambio drástico en numerosos ámbitos de la vida, pero lo que ha cambiado de manera más dramática ha sido nuestra concepción del tiempo. Todo ocurre mucho más rápido, al instante, la comunicación ha de ser *online,* la respuesta de Google ha de ser inmediata. Lo que ocurre en una parte del mundo afecta a la otra al momento. Y si esto ha supuesto un reto de adaptación para las generaciones anteriores, es el medio natural en el que ha crecido la nueva generación digital: ya no se admite la espera.

Estos dos cambios, el alto nivel de bienestar y la nueva concepción del tiempo, tienen consecuencias importantes para la gestión del compromiso en estas nuevas generaciones:

- No tienen miedo. Y sin miedo nadie les puede amenazar, y si les presionas más de la cuenta, adiós. Esta es una diferencia radical con respecto a sus padres. La generación del empleo fijo había construido un estatus y un nivel de vida basado en la seguridad de sus ingresos, pero se ha encontrado atrapada entre la necesidad de mantener ese estatus y nivel de vida y la creciente presión competitiva en sus empresas. De hecho, el vínculo emocional más profundo que ha existido entre la generación del empleo fijo y su trabajo no ha sido otro que el miedo. El miedo a perder lo conseguido, que en el extremo es el miedo a la indigencia. Un miedo que les ha llevado a dos tipos de actitudes: o la entrega incondicional o la sindicalización. Sin embargo, los jóvenes de hoy no han crecido con miedo. Y sin miedo, la amenaza velada y las presiones no sirven. Y si me presionas, adiós.

- Ganar lo suficiente, la calidad de vida como valor. Esto, junto a lo dicho anteriormente sobre el miedo, se deriva de haber crecido en el bienestar. Para una buena parte de la juventud actual la calidad de vida es un valor muy importante, por encima del sacrificio y la renuncia en aras a un futuro mejor. Dentro de los criterios para la elección de empleo, aspectos como la conciliación o el ocio cobran un papel tanto o más relevante que el propio salario.

- No se admite la espera, adiós al largo plazo. Esto se deriva del cambio ya mencionado en la concepción del tiempo provocado por la tecnología y tiene numerosas consecuencias en las políticas retributivas y de promoción. Los sistemas de incentivos a largo plazo no sirven. Las expectativas de promoción a años vista están fuera del horizonte relevante. Lo quiero todo y lo quiero ya.

- Si la partida no me gusta, la dejo: adiós a la fidelidad. La fidelidad a la empresa ya no es un valor en sí mismo. Estoy aquí porque quiero, no porque lo necesito. ¿Se merece esta empresa que yo sea su empleado? Y si algún día deja de merecérselo, adiós.

- ¿Leer las instrucciones? ¡Ensayo y error! Se acabaron los sistemas de formación tradicionales y se acabó la intolerancia al error. Por no hablar además de las nuevas formas de aprendizaje colaborativo basadas en el conocimiento *wiki* de la comunidad. Pero esto es otro tema que nos alejaría del propósito del este capítulo.

- Multitarea y videojuegos, divertidos y retadores. «¿Por qué te vas? ¿Es que te pagamos poco? ¿Es que te tratamos mal? ¿Es que tienes problemas con tus compañeros?». «No, es que me aburro». Tenemos un reto que afecta de lleno al diseño mismo del contenido de los puestos de trabajo. Si no conseguimos que el trabajo sea interesante, retador y con sentido, nuestro mejor talento joven simplemente se aburrirá y marchará.

- Generación *why* (por qué): adiós al «ordeno y mando». «Necesito entenderlo», no sirve el «aquí se te paga por obedecer y no por pensar». La obediencia en sí ya no es un valor. El «ordeno y mando» se acabó.

Como vemos, todos estos cambios suponen un reto importantísimo para las políticas de recursos humanos, pues han de convivir todavía durante bastantes años con una generación cuya realidad y cuyos valores son bastante distintos. Ignorarlos, sin embargo, está siendo un grave error para algunas empresas que no saben conectar con esta nueva realidad y tienen serias dificultades para atraer, desarrollar y vincular a los jóvenes talentos.

6. El decálogo del compromiso *low cost*

Tras plantearse todas estas consideraciones, Silvia empieza ya a tener algunas respuestas y se han empezado a derrumbar algunos mitos:

- El dinero puede generar satisfacción, pero no compromiso real y duradero.

- La satisfacción del empleado no tiene por qué traducirse ni en satisfacción del cliente ni en rentabilidad.

- Para las nuevas generaciones la calidad de vida es un valor, el dinero no tanto y ni la amenaza a corto plazo ni las promesas a largo son palancas eficaces.

¿Y entonces qué hacer? ¿Hay alguna forma de construir un entorno de trabajo estimulante y motivador, que genere un verdadero compromiso de la gente? ¿Podemos hacerlo sin incrementar los costes? Silvia necesitaría un decálogo concreto para llevarlo a su comité de dirección; sería algo así como los diez mandamientos para lograr el compromiso *low cost:*

1º. Cuide su imagen externa. El compromiso hay que gestionarlo antes del momento cero. ¿Cuál es nuestra reputación en el mercado? ¿La gente se puede sentir orgullosa de decir que trabaja en esta empresa o le dará vergüenza decir que trabaja aquí? ¿Seremos capaces de atraer al mejor talento o tendremos que pagar mucho más que nuestros competidores? ¿Aquí entra cualquiera o entrar aquí no es fácil? ¿Se entra por enchufe o aquí se hace una selección rigurosa, respetuosa y profesional?

2º. Garantice lo básico. Si alguien está preocupado por su empleo, no puede pedirle que se preocupe por su trabajo. Si tiene una necesidad temporal, contrate temporalmente, pero si la necesidad es mínimamente estable, garantice la estabilidad. Y si el empleado no cumple, despídalo. La gente necesita un mínimo de previsibilidad en su vida. Construir un proyecto de vida significa independizarse, tener hijos, hipoteca, coche... y todo ello suponen gastos previsibles. Si los ingresos no lo son, debido a que la empresa utiliza la precariedad injustificadamente, la persona tendrá su cabeza puesta en otro sitio. En consecuencia, nunca se sentirá parte de un proyecto en el que no tiene un sitio claro. Dicho esto, dejemos las cosas claras: la única estabilidad real en el empleo se deriva de la rentabilidad de la empresa y del rendimiento del empleado. Si tú cumples y ganamos dinero, en esta empresa siempre habrá un sitio para ti.

3°. Pague bien. Pague con justicia y pague todo lo que pueda, pero no olvide que aquí no paga el accionista, paga el cliente. La alineación estratégica del salario significa que las políticas salariales han de ser capaces de alinear los intereses personales del empleado con los intereses de la empresa a largo plazo. No puede ser que exista un conflicto de intereses. Si alguno de los dos percibe que cuanto más ganas tú más pierdo yo, la política salarial no está bien diseñada. Una política salarial estratégicamente alineada tiene dos claves:

• El salario fijo ha de estar en línea con el mercado, ni mucho más, ni mucho menos, y los beneficios sociales, en línea con el sector. Si la empresa no genera ingresos para garantizar esto, una de dos: o es que se acaba de crear y el desfase forma parte de la inversión inicial o es que está pasando un mal momento y asume el desfase temporalmente. Si no es así, es que la empresa no es viable. Asumir la inversión inicial y el riesgo empresarial tienen su compensación legítima a través de la rentabilidad. Desde el punto de vista de la persona, los ingresos fijos han de garantizar lo básico y todo el mundo ha de ser consciente de que su nivel de vida ha de adecuarse a esos ingresos.

• El salario variable ha de ser para todos, infinito y autofinanciado y ha de estar por tanto totalmente vinculado a los resultados de la empresa. Alinear estratégicamente el salario significa que todos, repito, todos los empleados, han de alegrarse si las cosas van bien y no les puede ser indiferente si van mal. Si existe la posibilidad de conseguir un nuevo cliente o una nueva venta, ¿qué ha de pensar el administrativo de contabilidad?: «¿Más trabajo?» o «¡Más negocio... y más dinero... también para mí!». Por otra parte, en cuanto a los incentivos, el salario variable ha de ser infinito, es decir, sin topes. En la práctica no es infinito porque tampoco lo son los beneficios de la empresa, pero si los beneficios de la empresa no están topados, los incentivos tampoco lo pueden estar. Los sistemas variables basados en objetivos con tope sitúan a la persona frente a un conflicto de intereses. Si consigo el máximo de mis objetivos el mes de octubre, todo lo que haga a partir de entonces no me dará más dinero y, lo que es peor, situará el punto de partida del año próximo todavía más alto. En consecuencia, a partir de que consigo mis objetivos todo lo que es bueno para la empresa no es bueno para mí.

> Una política salarial alineada estratégicamente ha de autofinanciarse y nunca puede plantearse en términos de costes. La buena pregunta no es «¿cuánto me va a costar?» sino «¿cuánto me va a hacer ganar?». Si cuanto más gana él, más gano yo, cuanto más gane mejor. Esto ya lo había aprendido Silvia en su empresa anterior (ver la obra *Los 10 retos de Silvia,* de los mismos autores, 2011, Barcelona, Libros de cabecera).

El debate en torno a las políticas salariales no se agota lógicamente con esto y tiene muchísimos más matices y tecnicismos, por no hablar de los condicionantes históricos de algunas empresas y no digamos del sector público. No entraremos a fondo en ello pues no es el objetivo de este capítulo, pero lo que sí podemos afirmar es que para que el salario sea un verdadero generador de compromiso a largo plazo ha de estar inspirado en los dos principios anteriores. El reparto arbitrario de incentivos sin una vinculación inequívoca a resultados es una fuente segura de conflicto y envidias.

4º. Marque un rumbo claro. No podemos pedirle a nadie que se comprometa con un proyecto errático o al que no le ve el sentido. Cuando la gente mira para arriba ha de percibir que su empresa está en buenas manos, que sabe a dónde va, que los máximos ejecutivos son un equipo capaz, cohesionado, coherente y creíble, que la estrategia y las políticas empresariales son claras y coherentes, que las prioridades de negocio están bien definidas. En consecuencia, todo el mundo tendrá muy claro lo que se espera de él y el valor que aporta su trabajo a la estrategia de la organización. Marcar claramente el rumbo, además, es gratis.

5°. Comuníquelo. La comunicación es como la sangre para un organismo: allí a donde no llega, las células se necrosan. La comunicación cumple en la empresa dos funciones claramente diferenciadas:

• Comunicación operativa, aquellas informaciones que toda persona necesita para hacer bien su trabajo en el día a día.

• Comunicación estratégica o comunicación para la pertenencia: nos referimos a todas aquellas informaciones que a una persona le hacen sentir que es importante, que se cuenta con ella, que pertenece. No estamos hablando de cuestiones operativas, estamos hablando de para dónde va la empresa, para dónde va el mundo, cuáles son los planes, los objetivos, los resultados... Tiene tanto más valor cuanto más alto es el nivel de quien comunica y ha de ser, como mínimo, el nivel superior al jefe directo. Un buen principio es «A comunica a C y B comunica a D».

Y si además de explicármelo me dan la oportunidad de aportar... ¡bingo! La gente conoce muy bien su trabajo y la empresa. Conoce la realidad, los problemas, las implicaciones y sabe muy bien por tanto cuáles son los factores críticos para que una estrategia se haga realidad con éxito. Si la empresa crea los espacios para comunicar de manera participativa y esa participación está a la altura de las expectativas, el compromiso vendrá solo. Uno se compromete con aquello de lo que se siente que forma parte. Y en sentido contrario, jamás nadie podrá sentirse comprometido con un proyecto del que se siente excluido. Y todo esto es gratis.

6°. Confíe en su empleado... o despídalo. Muchas empresas son exigentes y efectivamente la exigencia es importante, no por capricho ni por valores: la exigencia es importante porque el mercado es exigente. El cliente elige y paga. Y el cliente se irá a otro competidor que lo haga mejor. Por este motivo, la exigencia ha de formar parte de la filosofía de la empresa y esto es correcto. Sin embargo, cuando la empresa solo actúa basándose en una filosofía de exigencia-control, acaba generando un modelo de gestión basado en la desconfianza, que tiene como consecuencia la falta de compromiso, el miedo y finalmente que la gente haga lo estrictamente necesario para cumplir.

Pero si la exigencia es importante, se olvida que la mayor exigencia es la que surge de uno mismo. Y esto ocurre cuando la persona siente que se confía en ella, que se le marcan claramente las prioridades y se le da libertad para que lo haga como crea más adecuado. La libertad es lo único que confiere al trabajo el carácter de reto. La mayoría de los directivos lo saben muy bien. Miran para arriba y les piden a sus jefes que se les marquen los objetivos, pero que les den libertad para conseguirlos a su manera. Pero cuando miran hacia abajo y piensan en sus equipos les entra la duda: «¿harán lo correcto si les doy libertad?». Es un problema profundo de confianza. Piden libertad pero tienen miedo a dar libertad. Y para calmar su ansiedad, derivada de las fuertes presiones a las que están sometidos, acaban dirigiendo a sus equipos basándose exclusivamente en la exigencia y el control. Las consecuencias ya están dichas: falta de compromiso, miedo y, como resultado, la gran queja de muchos directivos: «solo yo tiro del carro».

Solo la confianza genera verdadero compromiso. Y además es gratis. Y si no puede confiar en su empleado, despídalo.

7º.   Haga que confíen en usted. En sentido inverso, la gente también necesita confiar en su empresa. Esto se traduce en dos cuestiones muy concretas: es una empresa justa y que se preocupa por su gente.

• Una empresa justa es aquella en que las decisiones sobre las personas se toman con criterios transparentes y profesionales. Lo opuesto es el secretismo y el amiguismo. Nos estamos refiriendo especialmente a las decisiones importantes: de promoción, de incentivos o de despidos. Estamos hablando de criterios, no de normas. Muchos directivos prefieren la norma, porque es más cómoda que el criterio. Y los sindicatos piden normas porque no se fían del criterio, diciendo que es subjetivo. Pero que sea subjetivo no significa que sea arbitrario. Ortega y Gasset decía: «somos subjetivos porque somos sujetos, seríamos objetivos si fuéramos… objetos». Tener criterio para tomar decisiones sobre las personas forma parte de la función directiva. La diferencia entre arbitrariedad y subjetividad es muy clara y muy simple: puedo explicar los criterios y, además, son profesionales.

Una empresa justa, en definitiva, es aquella que sabe reconocer con equidad el esfuerzo, el talento y los logros de sus empleados. Y tiene el mismo coste económico que hacerlo mal.

- Que se preocupa por su gente. ¿En esta empresa eres una persona o eres un número? ¿Eres un recurso o eres un humano? Nos estamos refiriendo a cuestiones como la sensibilidad de la organización para dar respuesta a las situaciones personales, a la preocupación por la calidad de vida profesional de su gente, a la conciliación, sinceramente, porque queremos lo mejor para ti. No olvidemos que el compromiso no se puede comprar, hay que merecérselo. Y no hay nada que se haga tan merecedor del compromiso de la gente como el sentir que la empresa se preocupa de verdad por ella. Y es gratis, pues si cuesta algo la gente te lo devuelve con creces.

8°. Cuide el ambiente de trabajo. Cree un entorno de trabajo emocionalmente gratificante y satisfactorio, donde se trabaje en equipo de verdad, se colabore y haya un ambiente de alegría y respeto:

Cuelgue un cartel en las paredes que diga claramente y en letra bien grande:

«En esta empresa estamos trabajando duro.

Aquí no vamos a tolerar:

- El egoísmo.

- La envidia.

- El resentimiento.

- La arrogancia.

- La desconfianza.

- La apatía.

- Los chismorreos.

Y lo que vamos a promover es:

- La alegría.

- La ambición sana.

- La cooperación.
- El respeto.
- La confianza.
- La calidez.
- La gratitud».

Es gratis. Y en un sitio así es más fácil comprometerse.

9°. Haga crecer profesionalmente a su gente. La carrera profesional no es importante para todo el mundo, pues depende del ciclo vital y también de las actitudes personales. Pero hay personas para las que sí lo es. En ese caso han de gestionarse bien las expectativas, dar el apoyo necesario con formación y dar oportunidades, pero sobre todo, siendo justo a la hora de tomar las decisiones. Recuerde: criterios transparentes y profesiones. Siempre habrá expectativas frustradas o gente que no estará implicada personalmente, pero todos estarán mirando. Por este motivo, los criterios han de ser claros y coherentes porque aquí se promociona a quien se lo merece.

Por otra parte, no tenga miedo de que preparando mejor a su gente le vayan a abandonar. Invierta en su gente, mejore sus capacidades y también su empleabilidad. Esta es la gran paradoja: si prepara a su gente para que se vaya, será la mejor manera de conseguir que se quede.

10°. Y finalmente, cuide la calidad del liderazgo, a todos los niveles. Desde el director general hasta el último supervisor, haga que su gente se sienta bien dirigida, haga que todos sus jefes, mediante su forma de dirigir, creen a su alrededor ese deseable entorno de trabajo estimulante y motivador. La receta es muy simple y tiene tres palabras mágicas: exigencia, apoyo y reconocimiento:

- Exigencia. Diga a todo el mundo claramente lo que se espera de él, con retos tan exigentes como la calidad que esperan sus clientes; explique el porqué de las cosas, no el «ordeno y mando»; dé sentido a su trabajo aportando una buena amplitud del contexto y, finalmente, no olvide que la mayor exigencia es la surge de uno mismo: confíe y delegue con criterio.

- Apoyo. Oriente y apoye cuando haya problemas o dificultades, esté disponible cuando le requieran, tenga una comunicación franca y abierta con su equipo y además, preocúpese por su desarrollo profesional, sea generoso: si es bueno para ellos, es bueno para usted.

- Reconocimiento. Todas las personas tienen la necesidad de sentirse valoradas de manera justa, de sentirse importantes, y nadie soportará que se menosprecie un trabajo bien hecho o simplemente que se ignore.

Y además, no olvidemos que un buen jefe ha de ser:

- Digno de respeto profesional, por sus competencias técnicas o gerenciales.

- Y digno de respeto personal, por su integridad y por su calidad humana.

El liderazgo de calidad es gratis y es la mejor palanca para lograr el compromiso.

La gente trabaja por dinero, sin duda, y el dinero es importante. Sin embargo, con dinero tan solo podremos comprar, o mejor dicho alquilar, el tiempo de la gente, pero el compromiso es otra cosa. El compromiso no se puede comprar, hay que merecérselo, como empresa y como directivos.

Pagar más es muy fácil, pero es muy caro y muy poco efectivo. Lograr que la gente se sienta bien dirigida, que se confía en ella y que ella puede confiar en su empresa quizá no sea tan fácil, pero es mucho más barato... y es lo más efectivo.

Ahora Silvia sí lo tiene claro.

EN RESUMEN

Está fuertemente extendido el mito de que la gente solo trabaja por dinero y que, para lograr el compromiso de los empleados, hay que pagarles más. Silvia se planta desmontar este mito y trata de dar respuesta a la pregunta del millón de dólares: «¿podemos mejorar el compromiso de nuestros empleados sin que nos cueste más dinero?».

- Satisfacción y compromiso son dos conceptos bien diferenciados. Satisfacción, del latín *satis-facere* (hacer bastante) es la sensación de bienestar derivada del cumplimiento de unas expectativas o unas necesidades. Compromiso, del latín *cum-promitere*, es el vínculo moral derivado de una promesa. En un contexto profesional, podemos definirlo como aquella actuación discrecional extra, alineada con las prioridades de la organización.

- La satisfacción no siempre tiene efectos positivos ni para los clientes ni para la empresa. Aquellas que tienen altos salarios, beneficios sociales, seguridad en el empleo y buena conciliación, logran un alto grado de satisfacción pero, en vez de lograr mayor compromiso, generan actitudes acomodaticias y de queja constante. Si la satisfacción no va acompañada de motivación y compromiso no es buena ni para el cliente ni para la empresa.

- Existen fuertes diferencias generacionales entre la generación madura del empleo fijo y las nuevas generaciones que se están incorporando al mercado de trabajo. Estas últimas han crecido en el bienestar y la tecnología. Les ha cambiado la concepción del tiempo –no admiten la espera– y la calidad de vida se antepone al del dinero o la seguridad.

- Las políticas de recursos humanos han de convivir con estas nuevas realidades y han de encontrar la forma de conectar esta variedad de valores para lograr el compromiso de sus empleados.

- Tras una profunda reflexión y consultar a los mejores expertos, Silvia ha logrado identificar cuál es el decálogo del compromiso *low cost:*

  1º Cuida tu imagen externa. ¿Cuál es tu reputación en el mercado? ¿La gente puede sentirse orgullosa de decir que trabaja en tu empresa?

  2º Garantiza lo básico. Si alguien está preocupado por su empleo, no puedes pedirle que se preocupe por tu trabajo. Si tienes una necesidad temporal, haz contratos temporales pero, si tus necesidades son mínimamente estables, garantiza la estabilidad. Y, si el empleado no cumple, despídelo.

3º Remunera bien. Paga con justicia y paga todo lo que puedas, pero no olvides que aquí no paga el accionista, paga el cliente. Las políticas salariales han de alinear los intereses personales del empleado con los intereses de la empresa a largo plazo. Si existe un conflicto de intereses y alguno de los dos percibe que cuanto más ganas tú más pierdo yo, la política salarial no está bien diseñada.

4º Marca un rumbo claro. No podemos pedirle a nadie que se comprometa con un proyecto errático o al que no le ve el sentido. Cuando la gente mira para arriba ha de percibir que su empresa está en buenas manos. Los máximos ejecutivos han de ser percibidos como un equipo capaz, cohesionado, coherente y creíble.

5º Comunícalo. La comunicación es como la sangre para un organismo: allí donde no llega, las células se necrosan. Uno se compromete con aquello de lo que siente que forma parte. En sentido contrario, nadie podrá sentirse comprometido jamás con un proyecto del que se sienta excluido.

6º Confía en tu empleado... o despídelo. Cuando la empresa solo actúa basándose en la exigencia y el control acaba generando un modelo basado en la desconfianza, que lleva a la falta de compromiso y al miedo. La mayor exigencia es la que surge de uno mismo. Solo la confianza genera verdadero compromiso.

7º Haz que confíen en ti. En sentido inverso, la gente también necesita confiar en su empresa. ¿Es una empresa justa y que se preocupa por su gente?

8º Cuida el ambiente de trabajo. Crea un entorno emocionalmente gratificante y satisfactorio, donde se trabaje en equipo, se colabore y haya una atmósfera de alegría y respeto.

9º Haz crecer profesionalmente a tu gente. Invierte en ella sin miedo a que te abandone. Esta es la gran paradoja: prepara a tu gente para que se vaya y será la manera de conseguir que se quede.

10° Y, finalmente, cuida la calidad de liderazgo, a todos los niveles. Desde el director general hasta el último supervisor, haz que tu gente se sienta bien dirigida. La receta es muy simple: exigencia, apoyo y reconocimiento.

En resumen, la gente trabaja por dinero, sin duda, y el vil metal es importante. Sin embargo, con dinero solo podremos comprar o, mejor dicho, alquilar, el tiempo de la gente, pero el compromiso no se puede comprar, hay que merecérselo, como empresa y como directivos. Yo pongo de mí si tú pones de ti.

Bibliografía

Capítulo 1

Fajardo, Plácido (2011), «La gestión del ciclo profesional», *Executive Excellence,* núm. 81.

–(2009), «Transiciones», *Expansión,* 4 de febrero.

–(2007), «Saber elegir», *Expansión,* 24 de abril.

Capítulo 2

Cerón, M. (2011), *La retribución de directivos,* Madrid, LID Editorial Empresarial.

Pfeffer, J. y Sutton, R. (2006), *Hechos duros, peligrosas medias verdades, insensatez total,* Boston, Harvard Business School.

VV. AA. (2003), *Factbook Retribuciones,* Cizur Menor, Aranzadi & Thomson.

VV. AA. y Ginebra, G. (coordinador) (2005), *Pagar bien y no solo con dinero,* Barcelona, Ariel.

Worldatwork, en www.worldatwork.com.

Capítulo 3

Aguilar, J. (coord.) (2002), *La gestión del cambio,* Barcelona, Aguilar.

Beer, M. y Nobria, N. (2000), «Cracking the Code of Change», *Harvard Business Review,* núm. 3, vol. 78, pp. 133-141.

Conger, J. A.; Spreitzer, G. M. y Lawler III, E. E. (compiladores) (1998), *The leaders's change handbook,* San Francisco, Jossey-Bass Paidós.

CRUCKER, P. F. (1992), *The Age of Discontinuity: Guidelines to our Changing Society,* Nuevo Brunswick, Transaction Publishers.

FROST, P. y ROBINSON, S. (1999), «The Toxic Handler: Organizational hero-and Casualty», *Harvard Business Review,* núm. 4, vol. 77, pp. 96-106.

KIRPATRICK, D. L. (2001), *Managing Change Effectely,* Boston, Butterworth Heirnemann.

KOTTER, J. P. (1996), *Leading Change,* Boston, Harvard Business School Press.

MEYERSON, D. E. (2001), «Radical Change, The Quiet Way», *Harvard Business Review,* n° 9, volumen 79, pp. 92-100.

MOSS KANTER, R. (1984), *The Change Masters,* Nueva York, Touchstone/ Simon & Schuster.

PETERS, T. y WATERMAN, R. (1986), *En busca de la excelencia,* Zaragoza, Ediciones Folio.

SENGE, P. et al. (1999), *The Dance of Change,* Nueva York, Doubleday and Company.

SMITH, S. (1998), *Create that Change: Readymade tools for change management,* Londres, Kogan Page Ltd.

Capítulo 4

AMIT, R. y SHOEMAKER, P. J. H. (1993), «Strategic Assets and Organizational Rents», *Strategic Management Journal,* núm. 14.

BECKER, B. E.; HUSELID, M. A. y Ulrico, D. (2001), *El cuadro de mando de RR.HH.,* Barcelona, Gestión 2000.

FITZ-ENZ, J. y DAVISON, B. (2002), *How to Measure Human Resources Management,* Nueva York, McGraw-Hill.

FITZ-ENZ, J. (2000), *The ROI of Human Capital,* Nueva York, Amacom.

KAPLAN, R. y NORTON, D. (2004), «Measuring the Strategic Readiness of Intangible Assets», *Harvard Business Review,* febrero.

—(1996), *The Balanced Score Card: Translating Strategy into Action,* Boston, Harvard Business School Press.

www.valuebasedmanagement.net/organizations_saratoga.html.

Capítulo 5

ARENDT, Hannah (2005), *La condición humana,* Paidós.

COLLINS, Jim (2006), *Empresas que sobresalen,* Barcelona, Gestión 2000.

DOLAN, Simon (2012), *Coaching por valores,* Madrid, LID Editorial Empresarial.

DRUCKER, Peter F. (1969), *El ejecutivo eficaz*, Editorial Sudamericana.

MULDER, Enrique de y ORTIZ IBARZ, José Mª (2001), *Ética para seguir creciendo*, Prentice-Hall.

PFEFFER, Jeffrey (1998), *La ecuación humana*, Barcelona, Gestión 2000.

ULRICH, Dave y Wendy (2011), *El sentido de trabajar*, Madrid, LID Editorial Empresarial.

VV. AA. (2008), *Valores, factores esenciales de cohesión social*, Fundación Bertelsmann.

WELCH, Jack (2009), *Winning*, Editorial Vergara.

Capítulo 6

DE ANDRÉS, E. y SCHELL, E. (2008), *Basuketoboru*, Madrid, ESIC (www. basuketoboru.com).

DE ANDRÉS, E. y DÍEZ, J. M. (2009), *Cuentos de compromiso*, Madrid, Capital Humano (www.tatum.es/publicaciones).

DÍEZ, J. M.; MARTÍN, A. y de ANDRÉS, E. (2010), *La niña que no hacía saltar a los gorilas*, Madrid, ESIC.

FERNÁNDEZ AGUADO, J. y AGUILAR, J. (2010), *La soledad del directivo*, Madrid, LID Editorial Empresarial (www.lideditorial.com).

MARINA, J. A. (2010), *El vuelo de la inteligencia*, DeBolsillo, Barcelona.

El compromiso se escribe con «C» de conciliación, Informe sobre compromiso (www.observatorioefr.org).

http://rrhhypersonas.blogspot.com -Blog especializado en gestión de personas.

http://www.aprendedeldeporte.com, blog especializado en extraer lecciones del mundo del deporte para la empresa y la vida.

Capítulo 7

GAINES ROBINSON, D. y ROBINSON, C. J. (1999), *Consultoría del rendimiento. Más allá de la formación*, Madrid, Centro de Estudios Ramón Areces.

KIRKPATRICK, D. L. (1999), *Evaluación de acciones formativas: los cuatro niveles*, Barcelona, Gestión 2000-EPISE.

MAGER, R. F. (1991), *Making Instruction Work,* Londres, Kogan Page.

PHILIPS, J. (1997), *Return on Investment*, Houston, Gulf Publishing.

Capítulo 8

http://globeandmail.workopolis.com/servlet/News/fasttrack/20020301/MGMENN?title-HR.

http://workingmommall.com.

http://www.aboutfamilylife.org.sg.

http://www.athomemothers.com.

http://www.bluesuitmom.com/career/balance.

http://www.cbs.curtin.edu.au/gsb/sparu/Think-Tank-GraemeRussell-Peter-Smith.pdf.

http://www.dadsanddaughters.org.

http://www.familiesandwork.org.

http://www.fastcompany.com.

http://www.gov.sg/mom/manpower/manrs/docs/op_06.pdf.

http://www.parentsatwork.org.uk.

http://www.womans-work.com.

http://www.workfamily.com.

http://www.workforceone.org.sg/workredesign/html/aboutwr.

http://www.workingmother.com.

http://www.workpluslifestrategies.com.

Capítulo 9

BURG, B. y MANN, J. D. (2012), *Lo más importante. Una historia sobre liderazgo y persuasión positiva,* Barcelona, Empresa Activa.

KOFFMAN, F. (2002), *Metamanagement,* Buenos Aires, Gránica.

MATEO, J. (2011), *Cuentos que mi jefe nunca me contó,* Madrid, LID Editorial Empresarial.

PETERS, T. (2007), *Nuevas organizaciones en tiempos de caos,* Barcelona, Deusto.

VV. AA. (2010), *Metaplacement. Conduces o te conducen,* Madrid, ESIC.

Capítulo 10

CARNEGIE, D. (2001), *Cómo ganar amigos e influir sobre las personas,* Barcelona, Edhasa.

JIMÉNEZ, S. (2008), *Cuestión de confianza: más allá de la inteligencia emocional,* Madrid, ESIC.

Harvard Business Review (2004), *La motivación de personas,* Barcelona, Deusto.

–(2004), *Retener a los mejores empleados,* Barcelona, Gestión 2000.

ROBBINS, S. P. y JUDGE, Timothy (2009), *Comportamiento organizacional,* Barcelona, Prentice Hall.

Galería de autores

EUGENIO DE ANDRÉS

Socio director de Tatum Consulting Group, es autor de los libros *La pirámide hueca, Basuketoboru, Sé innovador, RH y Recupera el optimismo*, y ha participado en el libro *Los 10 retos de Silvia*. Es ganador del Premio Nacional Alares al mejor ensayo sobre conciliación y premio HR European Award al mejor artículo español de Recursos Humanos de 2011. Es colaborador habitual de los medios económicos como *Capital Humano, Observatorio de RRHH, Manager Magazine* y *Dossier Empresarial*, del cual forma parte de su consejo editorial, y de la revista *Cosmopolitan*. Es patrono fundador de la Fundación Equipara, socio de Hub Madrid y socio fundador del proyecto The Good Chain. Además es director del Observatorio de la Blogosfera de Recursos Humanos, miembro del comité de dirección del Observatorio Efry y pertenece al selecto grupo Top Ten HRS.

JORGE CAGIGAS

Licenciado en Derecho por la Universidad de Valladolid y Advanced HR Development Course (NY). Es socio fundador de Epicteles, donde se dedica al acompañamiento estratégico en la dirección de personas, presidente de Fundipe, miembro del Consejo Nacional de Aedipe y el Executive Committee de la European

Association for People Management (EAPM). Antes había ocupado, durante casi 20 años, diferentes posiciones en la función de Recursos Humanos y gestión de personas en empresas como Nissan Motor Ibérica, PepsiCo, General Electric, MoulinexGroupe, Dogi International Fabrics y Grupo Leche Pascual, habiendo sido responsable mundial en alguna de ellas. Coautor en varios libros: *Modelos y experiencias innovadoras en la gestión de Recursos Humanos, La gestión adecuada de las personas,* colaborador de medios escritos y audiovisuales (*Expansión,* Intereconomía TV, Gestiona Radio, *Observatorio RH, etc.*) y miembro del comité editorial de la revista *Dirigir personas.*

AMPARO DÍAZ-LLAIRÓ

Licenciada en Ciencias del Trabajo y Diplomada en Ciencias Empresariales por la Universidad de Barcelona y la London Metropolitan University. Postgrado en Gestión de Recursos Humanos y Sistemas Retributivos en la Universidad Ramon Llull, es consejera delegada de Global Human Capital Group (GHCG), consultora internacional que ofrece soluciones estratégicas dirigidas al capital humano de las organizaciones. Autora de los libros *El talento está en la red* y *Talent 2.0,* es miembro de Top Ten Business Experts y de LID Conferenciantes. Su trayectoria profesional ha sido reconocida en el libro *Personalidades en España.* Profesora en distintas universidades y colaboradora en distintos medios de comunicación (televisión, prensa, radio), imparte cursos, seminarios y conferencias internacionales.

CARLOS ESPINOSA

Es socio-director de CFIE (Center for Innovative Execution). Licenciado en Derecho y en Administración y PDD por el IESE. Su labor profesional se ha desarrollado tanto en la alta dirección (AENA, Soluciona, Unión Fenosa, élogos y el Grupo UOC) como en la consultoría de estrategia, organización y calidad en grandes empresas. Ha escrito artículos en revistas de *management,* prensa económica y ha participado en cinco obras colectivas de *management* y recursos humanos. Es poseedor desde 2007 del prestigioso Excellence in Innovation Award y pertenece al Ilustre Colegio de Abogados y al Colegio de Economistas de Madrid.

PLÁCIDO FAJARDO

Licenciado en Derecho por la Universidad de Granada y PDD del IESE, diplomado en seminarios de liderazgo y *management* en INSEAD e IMD. Cuenta con 25 años de experiencia profesional en los sectores de consumo, industria, energía y telecomunicaciones, en la función de Recursos Humanos, antes de incorporarse al mundo de la consultoría en 2007 como socio en España a Leaders Trust International, firma especializada en la búsqueda de ejecutivos, fundadora e integrada en la alianza AltoPartners. Entre las responsabilidades más relevantes que ha desempeñado pueden citarse la dirección de Recursos Humanos de AT&T NS España y de Lucent Technologies para Sur de Europa, la dirección de Gestión y Desarrollo de Directivos de Endesa a nivel corporativo y, más recientemente, la dirección general de Recursos Humanos de Telefónica de España entre los años 2001 y 2007. Además, es patrono de FUNDIPE, miembro del comité editorial de *Dirigir personas* y miembro del TopTen Human Resources Spain.

JAVIER MARTIN DE LA FUENTE

Licenciado en Ciencias Económicas y MBA por la Universidad Autónoma de Madrid. *Coach* certificado por la ICF y mentor por el IMA. Hasta 2007 fue director general de la consultora Creade en España, habiendo trabajado con anterioridad para compañías como Leche Pascual, Galerías Preciados y Comercial Unión. En la actualidad desarrolla su actividad como fundador y consejero delegado del Grupo de Consultoría Persona, que ofrece servicios de *outplacement* a través de su sociedad ARS Outplacement y servicios de *management consulting (sales coaching, lean management, coaching* y liderazgo) a través de la sociedad Persona metaplacement.

IGNACIO MAZO

Licenciado en Ciencias Económicas y Empresariales, especializado en Economía de los Recursos Humanos por la Universidad Autónoma de Madrid y diplomado en Comportamiento Organizacional. Ha desarrollado su carrera profesional en empresas como Arthur Andersen, BearingPoint y PeopleMatters como consultor especializado en los aspectos más estratégicos de la gestión de personas. En la actualidad es director senior de BTS. Está certificado como Faculty para la impartición de los cursos que permiten obtener la certificación como Global Remuneration Professional (GRP) otorgada por Worladat Work y colabora como profesor del Centro de Estudios Garrigues, en sus programas Master y Executive en Recursos Humanos. Ha escrito numerosos artículos y ha participado en más de un docena de libros colectivos.

ARÁNZAZU MONTES

Ingeniera de Caminos, Canales y Puertos, licenciada en Derecho, PDG por IESE, PDD por Euroforum-INSEAD, HR ExecutiveProgramme por London Business School y Coach Ejecutivo (AECOP). Inició su carrera como ingeniera en Empresarios Agrupados y posteriormente se integró en la constructora Auxini, en la que dirigió el departamento de Seguridad e Higiene. En 1990 se incorporó a Ericsson, donde durante más de 18 años desempeñó diferentes responsabilidades hasta ser nombrada en 2003 directora de Recursos Humanos, Desarrollo Operativo y RSC. En 2010 se incorporó a UNICEF España como directora de Recursos Humanos y Organización. Además es miembro del Consejo Asesor Cátedra SEAT-IESE en IESE y coautora del libro *Los 10 retos de Silvia.*

CARLOS SÁNCHEZ

Licenciado en Psicología del Trabajo por la Universidad Autónoma de Barcelona y máster de Consultoría en Desarrollo Organizacional con el profesor Itamar Rogovsky de la Universidad de Tel Aviv. Es socio-director de e-Motiva, consultora especializada en gestión estratégica del compromiso: clima laboral, gestión del cambio, cultura y valores corporativos. Profesor asociado de Psicología del Trabajo en la Universidad de Barcelona y profesor colaborador del Executive Education de ESADE. Miembro del consejo asesor de la Fundación Factor Humano (Mercé Sala). Posee una amplia experiencia en gestión de recursos humanos y consultoría, fue director de Análisis y Prospectiva de Recursos Humanos en «la Caixa».

JUAN PABLO VENTOSA

Licenciado en Administración y Dirección de Empresas y diplomado en Ciencias Empresariales por la Universidad de Barcelona, Máster en Finanzas (EDIEF) por ESADE, PDG por IESE y máster en Desarrollo Organizacional por la Universidad Ramón Llull y el Instituto GR de Israel. Es, además, diplomado en Desarrollo de Liderazgo por la Universidad de Harvard y diplomado en Strategic Planning por la Universidad de San Diego. Desde 1990 es el presidente de Grupo EPISE, líder en formación y desarrollo de recursos humanos. Cuenta con una experiencia profesional de más de 25 años en formación, en 25 países y con proyectos en las principales empresas hispanoamericanas.

años

NOS QUEDA MUCHO POR HACER

- 1993 Madrid
- 2007 Barcelona
- 2008 México DF y Monterrey
- 2010 Londres
- 2011 Nueva York / Buenos Aires
- 2012 Bogotá